Inclusão da Criança com Autismo na Educação Infantil

trabalhando
a mediação
pedagógica

Fernanda de Araújo Binatti Chiote

INCLUSÃO DA CRIANÇA COM AUTISMO NA EDUCAÇÃO INFANTIL

trabalhando a mediação pedagógica

4ª edição

wak
editora

Rio de Janeiro
2023

© 2013 by Fernanda de Araújo Binatti Chiote

Gerente Editorial: Alan Kardec Pereira
Editor: Waldir Pedro
Revisão Gramatical: Lucíola Medeiros Brasil
Capa e Projeto Gráfico: 2ébom Design

Este livro foi revisado por duplo parecer, mas a editora tem a política de reservar a privacidade.

Dados Internacionais de Catalogação na Publicação (CIP)

C467i
   Chiote, Fernanda de Araújo Binatti
   Inclusão da criança com autismo na educação infantil: trabalhando a mediação pedagógica/ Fernanda de Araújo Binatti Chiote. 4 ed. Rio de Janeiro: Wak Editora, 2023.
148p. : 21cm

Inclui bibliografia
ISBN 978-85-7854-234-4

1. Educação especial. 2. Crianças deficientes - Educação. 3. Inclusão escolar. 4. Educação inclusiva. I. Título.

13-0671   CDD 371.94   CDU: 376.43

2023

**Direitos desta edição reservados à Wak Editora
Proibida a reprodução total e parcial.**

WAK EDITORA

Av. N. Sra. de Copacabana, 945 – sala 107 – Copacabana
Rio de Janeiro – CEP 22060-001 – RJ
Tels.: (21) 3208-6095, 3208-6113 e 3208-3918
wakeditora@uol.com.br
www.wakeditora.com.br

A Deus pelo dom da vida, por tornar possível o impossível.

À Mariana, minha filha, por fazer a minha vida mais feliz.

Ao Eduardo Chiote, esposo, pelo carinho e cumplicidade em trilhar comigo caminho acadêmico.

Aos meus pais, Carmen e Santo, pelo amor incondicional.

À Roberta, minha irmã, pelo carinho e torcida e por nos presentear com Felipe, meu sobrinho.

À professora Dra. Ivone Martins de Oliveira, minha orientadora, por ser a mediadora na construção deste trabalho, ao qual se dedicou com todo seu conhecimento e sensibilidade em compreender o outro.

Às professoras do CMEI, que fizeram parte deste estudo, pela confiança e aposta.

A Daniel, criança com autismo, e à sua família por fazerem parte deste e possibilitarem novos olhares sobre o autismo infantil.

À CAPES pela bolsa concedida.

Sumário

Para iniciar a conversa 9

Do diagnóstico à escolarização: ditos e feitos
sobre o Autismo infantil 13

Olhando o desenvolvimento infantil e o Autismo
a partir da perspectiva histórico-cultural 23

    Como ocorre o desenvolvimento infantil? 25

    Como ocorrem esses modos de interação
    e de mediação?
    Qual é o papel do outro e da linguagem
    no desenvolvimento infantil? 30

    Pensando o desenvolvimento da criança com
    Autismo 36

Qual é o papel do professor no desenvolvimento
da criança com Autismo? 43

A criança com Autismo na educação infantil:
(des)encontros, trabalho colaborativo e aposta
no sujeito para além do Autismo 51

Os (des)encontros nos espaços e tempos
da educação infantil.. 52

O trabalho colaborativo com as professoras.................... 60

Uma aposta no sujeito para além do Autismo:
ampliando o olhar para Daniel.. 64

Adultos e crianças participam da inserção de Daniel
nos diferentes espaços e tempos
da educação infantil.. 74

Inserindo Daniel nos diferentes
espaços e tempos... 77

Orientando Daniel nos diferentes espaços
e tempos: a colaboração de outras crianças.................. 87

Brincando com Daniel... 97

A mediação pedagógica na brincadeira
com Daniel.. 102

A mediação e a inserção de Daniel na brincadeira
de faz de conta.. 123

Novas possibilidades de encontro com a criança
com Autismo na educação infantil... 135

Referências 141

Para iniciar a conversa

> É experiência aquilo nos passa ou nos toca ou nos acontece e ao nos passar nos forma e nos transforma.
>
> (LARROSA, 2004, p.163)

O interesse pela questão da inclusão da criança com Autismo na Educação Infantil emergiu em 2006, nas minhas vivências e experiências como professora recém-formada, no encontro com duas crianças com características de Autismo, incluídas na sala regular. O encontro com essas crianças fez com que minhas práticas iniciais se constituíssem em meio a dúvidas e incertezas. As atitudes e os comportamentos das crianças eram díspares, enquanto uma era quieta, quase não falava, parecia não querer ser notada; a outra era um *verdadeiro vendaval*,[1] gritava, derrubava tudo, não parava em sala e, em alguns momentos, mordia a si mesma e os outros.

Foi um ano de muitas angústias. As vozes de alguns professores da graduação ecoavam: *"Todos os alunos estão na escola para aprender e se desenvolver"*, mas como? Questionava-me diariamente: O que fazer com essas crianças? Como poderia contribuir para o desenvolvimento delas? Qual era o meu papel? Perguntas que me moveram a buscar ajuda com outros profissionais da escola e em textos que abordavam a inclusão de crianças com Autismo, na tentativa de compreender melhor o meu papel como professora diante delas e das demais crianças.

---

[1] Termo utilizado por Vasques e Baptista (2006, p.156).

Contudo, foi em 2008, no reencontro com a criança que parecia um *vendaval* na sala regular, que comecei a organizar os questionamentos a respeito de quem eram as crianças com Autismo e seus percursos de escolarização; bem como do papel do professor e da escola regular no desenvolvimento e na constituição dessas crianças incluídas na educação infantil. Tudo isso em um desejo de um maior aprofundamento, o que me possibilitou percorrer o caminho do Mestrado em Educação e realizar um estudo que teve como objetivo analisar o papel da mediação pedagógica na inclusão da criança com Autismo na Educação infantil.

O presente livro é fruto desse estudo que buscou compreender e investir na mediação pedagógica como processo de significação da criança com Autismo na educação infantil, a partir do trabalho intencional e sistematizado do professor para que essa criança compartilhe sentidos e significados a respeito de modos de ser e se aproprie de práticas culturais historicamente delimitadas nesse espaço.

Para isso, optamos pela abordagem histórico-cultural, tendo como base os estudos de Lev Seminovic Vigotski. Esse referencial tem sua relevância por considerar que o desenvolvimento humano se dá em um processo de desenvolvimento cultural, em uma dialética entre o biológico e o social. Dessa forma, o sujeito se constitui e se desenvolve nas condições concretas de vida, a partir das relações e interações que lhes são possibilitadas nos processos mediados.

Esperamos com este livro contribuir nas reflexões sobre o processo de inclusão e escolarização da criança com Autismo, na busca de compreender o desenvolvimento dessa criança no espaço escolar, de modo que possibilite a ela se apropriar de práticas culturais, modos de ser e de relações instituídas no espaço da Educação Infantil.

Trazemos neste livro as possibilidades construídas na organização do trabalho do professor e da escola para atender às especificidades da criança com Autismo, cientes de que a atividade dessa criança (assim com das demais) envolve necessariamente o investimento e os esforços de outros sujeitos, que possibilitam, por parte da criança, a apropriação dos conhecimentos e modos de ser e de agir culturalmente definidos.

Do diagnóstico à escolarização: ditos e feitos sobre o Autismo infantil

> A maioria das pessoas (e, de fato, dos médicos), se questionada sobre o Autismo, faz uma imagem de uma criança profundamente incapacitada, com movimentos estereotipados, talvez batendo com a cabeça, com uma linguagem rudimentar, quase inacessível: uma criatura a quem o futuro não reserva muita coisa. (SACKS, 1995, p. 255)

O Autismo infantil é uma síndrome definida a partir de características ou sintomas comportamentais que compõem o quadro diagnóstico. As primeiras publicações que descreveram de forma sistematizada essas características ou sintomas foram os estudos de Leo Kanner em 1943 e Hans Aspeger em 1944. (LEBOYER,1995; BOSA, 2002)

Em suas pesquisas, Kanner observou o comportamento de 11 crianças a que atendia e constatou que, nessas crianças, a inabilidade no relacionamento interpessoal era o que se diferenciava em relação a outras síndromes psiquiátricas, como a esquizofrenia. Para Kanner, "[...] o distúrbio fundamental mais surpreendente, 'patognomônico', é a incapacidade dessas crianças de estabelecer relações de maneira normal com as pessoas e situações desde o princípio de suas vidas". (KANNER, *apud* BOSA, 2002 p. 23)

As atitudes descritas por Kanner formaram o quadro clássico de características do Autismo amplamente difundido entre os profissionais no final da década de 60 até os dias atuais.

As características clássicas do Autismo, de acordo com Leboyer (1995), são:

a) o isolamento autístico, definido pela incapacidade acentuada de desenvolver relações interpessoais. É caracterizado por uma falta de reação aos outros e de interesses por eles. A criança com Autismo se demonstra indiferente a tudo que vem do exterior;

b) os distúrbios na linguagem verbal e não verbal, como o atraso na aquisição da fala e o seu uso não comunicativo. Algumas crianças não falam, e outras apresentam ecolalia[1] (imediata ou diferida). A inversão pronominal ao falar de si mesma na terceira pessoa e a entonação desprovida de emoção produzem uma linguagem sem expressão e descontextualizada. A capacidade simbólica é ausente ou limitada, e as expressões gestuais ou mímicas não apresentam valor simbólico;

c) a necessidade de imutabilidade resulta em uma resistência a mudanças e em comportamentos fixados, repetidos e estereotipados com apego exagerado a um objeto particular. O brincar é marcado pela repetição e rituais privados de espontaneidade e criatividade;

d) a idade em que os sintomas surgem é até o 30º mês, podendo a criança se desenvolver normalmente nos dois primeiros anos. Não há uma exatidão quanto ao período em que o Autismo surge.

Atualmente, o diagnóstico do Autismo infantil é feito por especialistas, baseados nos manuais de diagnósticos, como

---
[1] Repetição de palavras ou frases.

o *Manual de diagnóstico e estatístico das perturbações mentais* (DSM-IV), da Associação Americana de Psiquiatria, e pela Classificação Internacional de Doenças (CID-10).

O Autismo infantil é descrito nos manuais como transtorno invasivo no DSM-IV, e global no CID-10, do desenvolvimento. Em ambos, é caracterizado pelo desenvolvimento anormal ou alterado que se manifesta antes dos três anos, em pelo menos uma das três áreas: interação social; linguagem e comunicação; e padrões restritos, repetitivos e estereotipados de comportamento (busca de regularidades). No DSM-IV, a ausência de jogos simbólicos ou imaginativos também é considerada uma área que apresenta um funcionamento anormal (CID-10, 2003; DSM-IV, 2000).

Outros "sintomas", como a hipercinesia ou a hipocinesia, distúrbio alimentares e do sono, também são observados no Autismo infantil, contudo são considerados sintomas secundários (LEBOYER, 1995). Vasques (2011) alerta que o Autismo deve ser diagnosticado com base nos aspectos comportamentais e, caso venha a ter qualquer outra situação concomitante, por exemplo, a deficiência mental, esta deve ser diagnosticada e codificada à parte, pois não é uma característica universal do transtorno.

Observamos que, da descrição Kanner, em 1943, até os manuais (DSM-IV e CID-10), as características do Autismo infantil são semelhantes, contudo, como o próprio Kanner observou em seus estudos, existem diferenças individuais na intensidade e forma em que se manifestam.

Não existem causas específicas para o Autismo, que é interpretado de acordo com os diferentes campos de investigação. Portanto, não há, como nos aponta Bosa (2002), um consenso na concepção de Autismo, estando esta diretamente relacionada com a concepção de cada profissional sobre a relação entre o desenvolvimento e a psicopatologia.

As formas de "tratamento" ou intervenção no Autismo infantil estão diretamente relacionadas com os campos de estudo. Na área médica, as pesquisas podem ocorrer a partir de uma base genética ou neurológica no estudo de causas orgânicas, e o tratamento é realizado, na maioria dos casos, com o uso de medicação. Na Psicologia, os estudos sobre o Autismo infantil se concentram nas abordagens comportamentalista, cognitivista ou psicanalítica que apresentam diferentes olhares sobre a criança com Autismo e seu desenvolvimento.

A abordagem comportamentalista é pautada no princípio da análise experimental do comportamento nos estudos da aprendizagem. As intervenções são realizadas a partir da configuração de certas condições ambientais com o objetivo de adequar e reduzir os comportamentos inadequados da criança com Autismo, envolvendo o treinamento individual, sequenciado e progressivo de habilidades com a aplicação de esquemas de reforço. O Treatment and Education of Autistic and Related Communication Handicapped Children (TEACCH) e o Applied Behavor Analysis (ABA) são métodos de intervenção que representam essa abordagem. (MELLO, 2004; MONTE; SANTOS, 2004)

A visão cognitivista busca compreender o Autismo infantil a partir de *deficits* cognitivos primários no processo perceptual. Os estudos de Frith (1997) e Baron-Cohen (2002) defendem que a criança com Autismo não possui habilidade de compreender e imaginar os estados mentais de outras pessoas, ou seja, não tem uma "teoria da mente", afetando seu comportamento social nos padrões de interação social e simbolização (LAMPREIA, 2004). As intervenções nesta abordagem têm por objetivo favorecer transformações no funcionamento cognitivo da criança com Autismo.

Na abordagem psicanalítica, o Autismo infantil é compreendido a partir da falta de algo que a criança não recebeu devido a falhas nas funções do Outro primordial. O papel do

Outro na Psicanálise é o de inscrever a criança no sistema da linguagem, possibilitando a assunção de toda a sua condição humana (VASQUES, 2006). As intervenções psicanalíticas são feitas por meio de tratamentos terapêuticos (clínicos e educacionais) que visam à subjetivação, "[...] o simbólico está para ser construído, e o imaginário precisa vir fazer o seu trabalho de enodar o simbólico com o real". (KUPFER, 2007, p. 64)

Os estudos de Kupfer (2007) e os de Vasques (2006) trazem, a partir da abordagem psicanalítica, a escolarização como uma alternativa terapêutica. A escola é percebida como um lugar subjetivante para as crianças com Autismo, pois,

> [...] mais que um exercício de cidadania, ir à escola, para as crianças com psicose infantil e Autismo poderá ter um valor constitutivo, onde, a partir da inserção escolar seja possível uma retomada e reordenação da estruturação psíquica do sujeito. (VASQUES; BAPTISTA, 2003, p. 9)

Não desconsideramos as contribuições das abordagens descritas na reflexão e no estudo do desenvolvimento da criança com Autismo. Contudo, as abordagens comportamentalista e cognitivista, ao centralizarem o *deficit* na criança em seu organismo, propõem métodos e técnicas de intervenção que podem se restringir ao treino de habilidades e ações não significadas, desconsiderando o ser cultural, limitando o desenvolvimento criativo e singular do sujeito. A abordagem psicanalítica contribui para a reflexão do processo de subjetivação da criança com Autismo e destaca o papel do outro nesse processo, todavia é marcada pela dimensão terapêutica que visa ao "tratamento" da criança.

Concordamos com Bosa (2002, p. 37), quando diz que "[...] nenhum modelo teórico, sozinho, explica de forma abrangente e satisfatória a complexidade dessa síndrome –

eis a razão pela qual a necessidade do trabalho em equipe e o respaldo da pesquisa".

A escolarização das crianças com Autismo é um campo em construção marcado pelos diferentes modos de compreender essas crianças, seu desenvolvimento e as possibilidades educativas de cada abordagem. Contudo, sabemos que, historicamente, a escolarização dessas crianças ficou sob a responsabilidade das instituições especializadas de educação especial. O atendimento à criança com Autismo nessas instituições baseava-se no modelo clínico médico no qual o trabalho educativo estava centrado na deficiência do aluno, visando a corrigir ou amenizar *deficits*, cristalizando a imagem da criança com Autismo ao seu diagnóstico e determinando uma incapacidade de aprender e se desenvolver. (VASQUES, 2003)

Os serviços especializados para o atendimento de pessoas com alguma deficiência tiveram um crescimento significativo na década de 70, baseados no ideário de que as pessoas com deficiência tinham o direito de conviver com as demais, mas antes precisavam ser preparadas e adaptadas ao meio social.

A sociedade delimitou o lugar da criança com Autismo a espaços clínicos com intervenções baseadas no modelo comportamental, que perdura no imaginário social até os dias atuais.

O movimento de inclusão, a partir da segunda metade da década de 80, favoreceu a instituição de políticas que garantissem o acesso universal à educação. A Constituição Federal, de 1988, determina a educação como direito de todos com vistas ao pleno desenvolvimento da pessoa, o exercício da cidadania e a qualificação para o trabalho. Toma, conforme o art. 206, I, como princípio para o ensino a "[...] igualdade de condições para o acesso e permanência na escola" e garante, no art. 208, III, "[...] o atendimento especializado aos portadores de deficiência, preferencialmente na rede regular de ensino".

As políticas de educação inclusiva se intensificaram e ganharam visibilidade a partir da proposta de "escola para todos" com a Declaração de Jomtien (1990) e a Declaração de Salamanca (1994), que trata dos princípios, das políticas e das práticas em educação especial, com o objetivo de equalizar as oportunidades para as pessoas com necessidades educacionais especiais por deficiência.

A política nacional de educação inclusiva ganha força e se consolida por meio da Lei n.º 9.394/96, Lei de Diretrizes e Bases da Educação Nacional, que, em seu Capítulo V, trata da educação especial e a define no art. 58 como "[...] a modalidade de educação escolar, oferecida preferencialmente na rede regular de ensino, para educandos portadores de necessidades especiais". A Resolução CNE/CEB n.º 2, de 2001, institui as diretrizes nacionais para a Educação Especial na Educação Básica e determina, no art. 2, a matrícula de todos os alunos nos sistemas de ensino, e às escolas cabe a organização "[...] para o atendimento aos educandos com necessidades educacionais especiais, assegurando as condições necessárias para uma educação de qualidade para todos".

O acesso de pessoas com necessidades educacionais especiais à escola regular passa a ser garantido por meio de leis e documentos no âmbito nacional, estadual e municipal. Contudo, somente a partir da Política Nacional de Educação Especial na Perspectiva da Educação Inclusiva (2008) e de outros documentos legais, como o Decreto n.º 6.571, de 2008, e a Resolução n.º 4, de 2009, que os alunos com transtornos globais do desenvolvimento[2] têm garantida a sua escolarização.

---

[2] De acordo com a resolução n.º 4, de 2009, os alunos com transtornos globais do desenvolvimento são aqueles que apresentam um quadro de alterações no desenvolvimento neuropsicomotor, comprometimentos nas relações sociais, na comunicação ou estereotipias motoras. Incluem-se nessa definição alunos com Autismo clássico, síndrome de Asperger, síndrome de Rett, transtorno desintegrativo da infância (psicoses) e transtornos invasivos sem outra especificação.

Nos documentos anteriores, esses alunos eram considerados portadores de condutas típicas. (VASQUES, 2011)

Para Vasques (2011, p. 8), esses marcos legais representam "[...] um 'nascimento simbólico' para estas crianças e adolescentes no campo da legislação educacional". O aumento de matrículas de crianças com Autismo na escola regular tem fomentado a discussão a respeito de quem são essas crianças, como aprendem, quais as práticas adotadas nos cursos de formação inicial e continuada de professores.

Nesse movimento, a escola regular precisa se pautar em um trabalho que visa a desenvolver a criança, e não o deficiente, rompendo, assim, com os modelos classificatórios que predeterminam as possibilidades de desenvolvimento da criança a partir de suas supostas limitações.

A inclusão escolar possibilita à criança com Autismo o encontro com outras crianças, cada uma em sua singularidade, o que muitas vezes não acontece em outros espaços pelos quais circula, que frequentemente priorizam um atendimento individual. O espaço escolar possibilita a vivência e as experiências infantis a partir da relação com outras crianças. A escola é o lugar da criança. Como ressalta Kupfer (2007, p. 36),

> a criança moderna é uma criança indissoluvelmente ligada ao escolar, que lhe atribui o lugar social, a inserção social, é o que a constitui, o que lhe dá identidade [...]. A história sublinha então uma dimensão da infância que é dada pelo campo social, que a enquadra, lhe dá significação e interpretação. O campo social também define um tempo para essa infância, que é justamente a escolarização obrigatória.

No desenvolvimento da criança com Autismo, sabemos que existem múltiplos profissionais que realizam um trabalho com essa criança. Cada profissional, como o fonoaudiólogo, terapeuta, psicólogo, professor, médico e outros, tem o seu espaço de atuação, contudo é preciso tentar estabelecer um diálogo entre os profissionais sem que um conhecimento se sobreponha sobre o outro.

Incluir a criança com Autismo vai além de colocá-la em uma escola regular, em uma sala regular; é preciso proporcionar a essa criança aprendizagens significativas, investindo em suas potencialidades, constituindo, assim, o sujeito como um ser que aprende, pensa, sente, participa de um grupo social e se desenvolve com ele e a partir dele, com toda sua singularidade.

OLHANDO O DESENVOLVIMENTO INFANTIL E O AUTISMO A PARTIR DA PERSPECTIVA HISTÓRICO-CULTURAL

> Desde os primeiros dias do desenvolvimento da criança, suas atividades adquirem um significado próprio em um sistema de comportamento social e, sendo dirigidas a objetivos definidos, são refratadas através do prisma do ambiente da criança. O caminho do objeto até a criança e desta até o objeto passa através de outra pessoa. Essa estrutura humana complexa é produto de um processo de desenvolvimento profundamente enraizado nas ligações entre história individual e história social.
> (VIGOTSKI, 2007, p.20)

O diagnóstico de Autismo, na maioria das vezes, encaminha a criança para espaços educativos em que ela entra em contato com outras crianças com o mesmo perfil. Exposta a essa situação, a criança com Autismo é inserida em uma coletividade em que seus pares apresentam especificidades semelhantes às suas, as experiências sociais e infantis que compartilham pouco contribuem para superar as dificuldades que os critérios de diagnóstico apresentam.

Nesse processo de reabilitação e adequação social, as práticas educativas para as crianças com Autismo se baseiam em grande parte em métodos que se restringem a modificações comportamentais a partir de treinos e repetições, os quais não privilegiam, como indica Orrú (2009, p. 60), "[...] as relações sociais genuínas e próprias do ser humano, das quais procedem o desenvolvimento da atividade consciente do homem, a internalização de conhecimentos, a generalização, o desenvolvimento do sentido e do significado".

Consideramos, com base na perspectiva histórico-cultural, que os sujeitos se constituem e se desenvolvem nas condições concretas de vida, a partir das relações e interações que lhes são possibilitadas nos processos mediados, apropriando-se da cultura e participando da constituição dessa cultura.

Assim, buscamos as contribuições da perspectiva histórico-cultural para compreender o desenvolvimento da criança com Autismo como um processo contínuo e não linear, em uma relação dialética entre o biológico e o cultural que constitui histórica e socialmente cada ser singular. Para tal compreensão, o presente capítulo está dividido em dois eixos que se inter-relacionam.

No primeiro, abordaremos o desenvolvimento infantil na perspectiva histórico-cultural, a partir dos estudos de Vigotski (1983, 1998, 2007), destacamos os processos mediados, enfatizando o papel do outro e da linguagem na inserção e desenvolvimento cultural da criança.

No segundo, focalizamos o desenvolvimento da criança com Autismo com base nas contribuições dessa perspectiva teórica, tendo como referência os estudos de Vigotski (1997) sobre defectologia.

Como ocorre o desenvolvimento infantil?

A perspectiva histórico-cultural concebe o homem como um ser social. Pautada no materialismo histórico e dialético, compreende que as modificações e interferências do homem na natureza, na busca de suprir suas necessidades, provocaram transformações em sua própria natureza, tornando-o um ser social.

No contato com o meio natural, a atividade do homem foi se transformando. Ao longo da história da humanidade, o que era natural passou a ser cultural com a criação, pelo próprio homem, de instrumentos e sistemas simbólicos utilizados para mediar seu contato com a natureza e com os outros homens. O homem transforma-se de ser biológico/natural, no qual as aptidões para a sobrevivência eram apenas orgânicas, instintivas e hereditárias, para ser sociocultural, em que o organismo, para se desenvolver, depende de processos que não são apenas hereditários e biológicos, mas da apropriação das experiências e dos conhecimentos acumulados pelo homem ao longo da história, que são passados de uma geração a outra pelos próprios homens em relação uns com os outros.

O desenvolvimento humano torna-se uma síntese que envolve: a evolução da espécie humana; a forma como cada ser, cada organismo, se desenvolve como parte dessa espécie; a história cultural e o meio social onde o indivíduo está inserido; e o modo singular como cada indivíduo se desenvolve no meio, o que o torna único. Portanto, o desenvolvimento do homem só pode ser compreendido na inter-relação com o desenvolvimento cultural.

O desenvolvimento cultural, de acordo com Vigotski (1983), é a base para as transformações fundamentais no organismo, para o desenvolvimento das funções psicológicas superiores. O ser humano se desenvolve na medida em que internaliza a cultura e dela se apropria, utilizando signos e instrumentos disponíveis e atuando no meio em que está inserido.

Para Vigotski (1983), o desenvolvimento infantil não acontece de maneira linear, gradual e cumulativa, mas em um processo dialético no qual fatores internos e externos se entrelaçam e impulsionam as transformações nas funções psíquicas elementares e superiores[1] a partir de saltos e revoluções qualitativas, com evoluções e involuções na adaptação ativa ao meio que resulta do choque real entre o organismo e o meio social.

Dessa maneira, o desenvolvimento infantil se dá em dois planos, na dimensão biológica (natural) e na dimensão cultural (social), que são interdependentes na constituição única do ser humano. A criança, ao nascer, é despojada dos meios simbólicos. Suas ações e reações são orgânicas e sem sentido. O bebê é introduzido no meio cultural na medida em que essas ações espontâneas começam a ser significadas pelo outro, que responde às ações, atribuindo sentidos produzidos no meio cultural.

Inserida de modo progressivo no universo cultural dos homens, no contato constante com a realidade material, a criança excederá as fronteiras do sensorial chegando à representação simbólica. A atividade simbólica da criança não é uma descoberta espontânea, nem intelectual, como indica Pino (2005, p.159):

> Sua origem deve ser procurada no campo social, campo das relações sociais em que os sistemas sígnicos inventados pelos homens nos revelam a verdadeira significação que as coisas têm para eles e que, portanto, terão para a criança: pois é com os homens e

---

[1] As funções elementares ou primitivas, de acordo com Vigotski (1983), é o todo psicológico natural determinado pelas peculiaridades biológicas, como uma reação orgânica. As funções superiores são as que surgem com o desenvolvimento cultural e possibilitam uma forma de conduta mais complexa, dependendo do meio social.

por intermédio deles que ela descobrirá a significação e o valor das coisas que fazem parte do mundo criado por eles.

O desenvolvimento infantil é um processo de apropriação da cultura pela significação que o outro mediador faz das ações da criança, transformando-as em atos significativos. A criança constitui-se como ser social com e pelo outro, por meio da mediação que a insere no meio cultural.

De acordo com Vigotski (1983), o desenvolvimento das funções psicológicas superiores na criança envolve inevitavelmente o plano intersubjetivo, porque todas essas funções são sociais. Segundo a lei genética geral do desenvolvimento cultural de Vigotski, todas as funções surgem primeiro na relação interpessoal, na relação real entre sujeitos, em um processo externo, social, que, ao ser internalizado, se configura em uma relação intrapessoal, que constitui o modo como a criança se relaciona com ela mesma a partir de como os outros se relacionam com ela.

Nesse sentido, Vigotski (2000) afirma que todo desenvolvimento cultural passa por três estágios: em si, para outros e para si. A criança toma para si a significação dada pelo outro em suas manifestações em si. Tudo que é interno nas funções superiores, o que é para si, foi antes para os outros e exemplifica com o gesto de apontar, que inicialmente é um movimento de agarrar malsucedido direcionado a um objeto (em si), a mãe interpreta a ação da criança como um gesto indicativo (para o outro), depois a criança passa a utilizar o gesto para indicar (para si). "Por trás de todas as funções superiores e suas relações estão relações geneticamente sociais, relação reais das pessoas". (VIGOTSKI, 2000, p. 26)

Dessa forma, o desenvolvimento das funções psicológicas na infância, como o falar, o pensar, a memória, as emoções, a imaginação, a percepção e a consciência, se constitui na dimensão cultural. Isso não quer dizer que a dimensão biológica seja anulada ou desconsiderada no desenvolvimento dessas funções, mas nos permite pensar que essas dimensões estão em uma constante relação dialética, na qual a síntese é a constituição e o desenvolvimento do sujeito social.

A dialética entre a dimensão biológica e a dimensão cultural acontece no meio social, nas relações sociais concretizadas na relação entre eu e outro. O corpo biológico vai se constituindo como um corpo social nos processos mediados de significação na constituição do "eu" a partir do outro. Conforme afirmação de Vigotski (1983, p. 149), "[...] passamos a ser nós mesmos por meio dos outros".

Entendemos, a partir da perspectiva histórico-cultural, que as relações sociais e as mediações que nelas perpassam são marcadas pelas condições concretas de vida criadas pelo próprio homem que determinam a vida dos sujeitos. Portanto, no processo de desenvolvimento infantil, é preciso considerar o sistema complexo de posições e papéis estabelecidos nas relações sociais. A posição social do sujeito remete a um lugar marcado no qual há uma expectativa de ações/condutas a ele associadas.

Consideramos, assim, que os processos de mediação e inserção da criança no mundo e na cultura são atravessados pelas expectativas do outro em relação à posição e ao lugar social ocupado pela criança e na projeção de posições e lugares futuros. Diante disso, é importante problematizar a maneira como a criança tem sido vista em nossa sociedade, e a repercussão que essa visão tem na percepção da criança com Autismo.

Atualmente, as crianças têm ocupado em nossa sociedade um lugar de transição entre o que elas são e o que virão a ser no sistema produtivo; são percebidas como um ser em transição para a vida adulta, desconsiderando que elas são sujeitos históricos participantes e constituintes das relações e vida social. Nesse lugar de transição, as formas como os múltiplos outros se relacionam com a criança constituem os diferentes modos de ser criança, demarcando papéis, posições e lugares diversos. Para Sarmento (2005, p. 365),

> [...] a infância é historicamente construída, a partir de um processo de longa duração que lhe atribui um estatuto social e que elaborou as bases ideológicas, normativas e referenciais do seu lugar na sociedade. Esse processo, para além de tenso e internamente contraditório, não se esgotou. É continuamente atualizado na prática social, nas interações entre crianças e nas interações entre crianças e adultos.

A sociologia da infância concebe a infância como múltipla, pois, em uma mesma sociedade, existem infâncias diversas. O modo como essas infâncias são produzidas está diretamente ligado às relações sociais estabelecidas, nas interações com o(s) outro(s) que constituem a criança, impulsionam seu desenvolvimento e suas funções psicológicas. Percebemos que, quando se trata da criança com algum tipo de "deficiência", há uma predominância da imagem do deficiente em relação ao ser criança. (PLAISANCE, 2005)

Nessas condições concretas de vida, a posição social e o lugar da criança com Autismo são muitas vezes atravessados pela impossibilidade de participar de atividades tipicamente infantis, devido às suas características e, principalmente, ao comportamento estereotipado.

Os comprometimentos nas áreas de interação social e linguagem fazem com que o processo de mediação e significação pelo outro seja marcado pelo encontro com uma criança estranha, um enigma, causando um desconforto no processo interativo. A circulação social da criança com Autismo fica muitas vezes limitada aos espaços terapêuticos que visam à reestruturação do comportamento, pois suas diferenças são consideradas como impeditivas do brincar com outras crianças, compartilhar espaços com diferentes crianças e até mesmo ir à escola.

O Autismo, compreendido a partir da falta, de impossibilidades e limitações, demarca os lugares e papéis ocupados por essas crianças como os de quem precisa primeiro ser educado em seu "defeito", para depois participar das práticas culturais, o que pode privá-las de um desenvolvimento cultural mais amplo, negando-lhes até mesmo a possibilidade de viver sua infância em uma perspectiva mais ampla. Concordamos com Vigotski (1997), quando indica que não é a deficiência que traça o destino da criança, mas a maneira como ela é significada culturalmente.

Dessa forma, a perspectiva histórico-cultural nos permite olhar para a criança com Autismo, para seu desenvolvimento a partir do que lhe é possibilitado no meio social, nos modos como a interação e a mediação do outro podem favorecer sua participação nas práticas culturais.

Como ocorrem esses modos de interação e de mediação?
Qual é o papel do outro e da linguagem no desenvolvimento infantil?

O desenvolvimento humano é caracterizado pela atividade mediada. A inserção da/na cultura é um processo de dupla mediação (dos signos e do outro), que impulsiona o desenvolvimento infantil.

O conceito de mediação é central na obra de Vigotski. Para o autor, a mediação pode ser definida como um processo no qual dois elementos necessitam da intervenção de um terceiro para se relacionarem, estabelecendo uma tríade na relação, não sendo essa direta, mas mediada.

Nesse contexto, a relação que estabelecemos com o mundo natural e social não é direta; ao contrário, ela é sempre mediada pelos instrumentos, pelos signos e pelo outro que nos constitui. Embora a relação com o meio seja mediada pelo outro, isso não quer dizer que a relação com o outro se dê de modo direto. As relações entre os sujeitos também são mediadas pelos signos, principalmente pela linguagem.

A participação do outro no desenvolvimento infantil está diretamente relacionada ao modo como esse outro interage e realiza ações conjuntas com a criança favorecendo (ou não) seu contato com a coletividade do meio social. A mediação social é um processo que envolve a atividade conjunta e a linguagem, ou seja, nas relações sociais, os movimentos que a criança dirige ao objeto, na tentativa de conhecê-lo, são interpretados pelo outro que interage com a criança, nomeando o objeto, distinguindo seus usos e funções socialmente determinados, em um empenho de ajustar a atividade da criança em relação ao objeto e seus usos culturalmente definidos. A criança se apropria dos objetos e dos modos culturais na proporção que apreende os significados das ações culturais definidas, orientando suas ações de acordo com a cultura da qual faz parte, em um processo de significação e produção de sentidos.

É na relação entre sujeitos, no espaço da intersubjetividade, que os movimentos da criança vão se transformando em gestos, com um caráter semiótico e intencional, de acordo com os significados socialmente atribuídos. A criança, ao internalizar as formas de ação estabelecidas socialmente, para se relacionar com os objetos e com os outros, as toma como suas em uma apropriação que transforma seus processos psicológicos, constituindo seu funcionamento interno. Assim, a criança passa a dominar e usar os instrumentos e a linguagem de forma mais independente, tornando-se capaz de regular seu comportamento e ação.

A internalização não é um processo de transferência do externo para o interno. Como nos aponta Góes (1991, p. 19), "[...] o plano interno não consiste de reprodução de ações no plano externo". As relações estabelecidas no plano externo (intersubjetivo) constituem, marcam e modificam o plano interno (intrassubjetivo) da criança que modifica suas formas de se relacionar com esse mesmo plano externo.

Nas relações que são estabelecidas com a criança, nas experiências concretas, ela não apreende pura e simplesmente os modos culturais como lhes são apresentados. Na internalização, ela vai se apropriando da cultura, dos símbolos e dos significados, (re)elaborando-os de modo particular, orientando-os para a regulação de suas ações.

As funções psicológicas da criança afastam-se gradativamente da natureza espontânea e biológica, incorporando funções de natureza social, internalizadas nas relações sociais. A criança desenvolve-se na medida em que suas experiências sociais possibilitam-lhe regular seu comportamento de acordo com os contextos em que está inserida, nas relações com os outros e com o meio. Ao tomar consciência de seus atos, a criança passa a agir de modo intencional, voluntário, planejado, podendo organizar e avaliar suas ações, características das funções psicológicas superiores que só se encontram no ser humano.

No desenvolvimento infantil e humano, o papel do outro é fundamental. É na relação com o outro, na mediação do outro, que o sujeito se constitui, se apropria da cultura, aprende e se desenvolve. Dessa maneira, só é possível compreender o papel do outro no desenvolvimento do sujeito dentro dos contextos culturais nos quais estão inseridos.

Tendo em vista a importância da mediação/interação do outro na inserção da criança no mundo cultural, que é simbólico, e na significação deste para o desenvolvimento de suas funções psíquicas, a linguagem se destaca pelo papel que desempenha na transformação e no desenvolvimento das demais funções psicológicas, como a memória, a percepção, a atenção, a imaginação e o pensamento, o que coloca a pertinência de uma abordagem mais aprofundada de seu lugar nos processos de significação.

No processo de mediação social, acontece a mediação semiótica, ou seja, a mediação dos sistemas de signos, que se configura como uma via de mão dupla no desenvolvimento infantil. Ao se apropriar dos instrumentos e signos (principalmente a linguagem), a criança começa a operar com eles produzindo novas/outras formas de interação com o meio social e com os outros, ao mesmo tempo em que essas novas/outras interações a constituem como ser cultural.

A mediação semiótica possibilita a entrada da criança no universo simbólico, produto da atividade humana que constitui o próprio homem. A linguagem, nos processos de mediação semiótica e social, é fundamental, pois ocupa o lugar de atividade constitutiva dos sujeitos. Ela é signo e instrumento de atuação sobre o mundo e sobre si mesmo. A linguagem possibilita a comunicação e a interação com o meio e os outros; cria a base para a emergência de processos simbólicos e, a partir deles, a significação e a consequente organização e a regulação da atividade humana. (VIGOTSKI, 2005; 2007)

A linguagem representa e constitui a realidade para o homem. É o mais importante sistema simbólico que possibilita a participação na vida social. É um modo de perceber o mundo, de se relacionar com ele e se constituir a partir dele.

A criança é imersa no mundo cultural e simbólico na e pela linguagem. A *significação* que perpassa a palavra, como nos aponta Pino (2000), é o mecanismo que possibilita a conversão das relações sociais em funções psicológicas e no modo como essas funções são estruturadas no indivíduo. Para o autor, o objeto a ser internalizado é a significação das coisas, não as coisas em si mesmas. Portanto o que é internalizado das relações sociais não são as relações materiais mas a significação que elas têm para as pessoas. Significação que emerge na própria relação. (PINO, 2000, p. 66)

O processo de significação se constitui como contínuo e fundamental no desenvolvimento infantil e humano. A mediação do outro e a inserção no mundo cultural e simbólico se iniciam com o nascimento da criança e prosseguem durante toda a vida do indivíduo.

Nos sentidos produzidos na e pela linguagem, nas interpretações que o outro faz de suas ações, o indivíduo significa o mundo sociocultural e a si mesmo, subjetiva-se, dando significados às suas experiências e vivências concretas que possibilitam suas formas de ação no mundo.

No meio social, nas relações com as outras pessoas, a criança não apenas se desenvolve, mas constrói a si mesma, como indica Vigotski (2000), em um processo de apropriação das práticas culturais, que não se dá em uma reprodução do meio social, pois a produção e a internalização dos sentidos são relacionais, envolvem o afeto, o contexto, as experiências e as vivências singulares dos sujeitos em interação.

Dessa maneira, diante da criança com Autismo, no estranhamento das ações e da linguagem dessa criança, o papel do outro muitas vezes se limita, limitando também as ações em relação a essa criança, às práticas educativas e à formação da consciência de si para o desenvolvimento de processos autorregulados nessa criança.

O contexto de relações no qual se insere a criança com Autismo é marcado pela aparente falta de sentidos ou de sentidos "restritos" para o outro, o que faz com que os atos dessa criança não tenham sentidos ou sejam restritos para ela mesma. São as interpretações do outro que significam e inserem a criança com Autismo na cultura, constituindo suas formas de interação com os outros e com o mundo que favorecem ou não o seu desenvolvimento singular.

A criança, em sua relação com as pessoas e com os objetos, está imersa em um jogo de múltiplas interpretações. A significação, ou seja, os sentidos produzidos nos modos de se relacionar com as pessoas e os objetos é que são internalizados e passam a organizar e orientar as ações da criança. Na medida em que os significados da linguagem social são internalizados, a criança passa a regular e orientar suas ações, compartilhando esses significados (GÓES, 1991). Ao longo do desenvolvimento, a criança ajusta a ela mesma os modos de comportamento que antes as outras pessoas aplicavam a ela, assimilando as formas sociais de conduta e transferindo-as a ela mesma.

A linguagem possibilita a autorregulação a partir das apropriações que a criança faz da cultura, das práticas discursivas na relação com outro, podendo ser percebidas na atividade da criança, em como ela utiliza (interpreta) os instrumentos e signos, tornando-os significativos para si. Nesse processo, constitui a própria consciência, que, de acordo com Vigotski (2005), envolve a percepção da atividade mental, ou seja, a regulação dos processos de pensamento sobre as próprias ações e as ações dos outros. Concordamos com Padilha (2000, p. 216), quando indica que "[...] as práticas culturais são práticas discursivas e a verdadeira essência do comportamento humano complexo é a atividade simbólica com função organizadora específica que penetra o uso dos instrumentos e faz nascer novos modos de ser".

Assim, torna-se necessário analisar como as interações e as práticas educativas no espaço/tempo da educação infantil interferem na estruturação e organização da criança com Autismo, como sujeito que compartilha as práticas culturais desse contexto, observando como as ações dessa criança são significadas, deixando de ser atos em si, sem sentido, transformando-se na/pela significação do outro em atos para si.

Compreendemos a linguagem em um sentido amplo, que abarca a comunicação e a significação, podendo ser observada tanto na expressão verbal quanto na expressão corporal. A expressão corporal nos interessa, pois, quando nos remetemos à criança com Autismo, parece-nos que estamos diante de um corpo que necessita ser ressignificado, organizado e estruturado.

No processo interativo, como indica Oliveira (2001, p. 50), tornamo-nos nós mesmos seres de afeto por meio do outro. "Nossas necessidades, desejos e vontades configuram-se, em grande parte, a partir do olhar do outro, mediante o que ele nos apresenta como relevante e significativo". Entendemos a autorregulação como um processo no qual a criança orienta suas próprias ações e modos de se relacionar com os outros e consigo mesma, conforme os sentidos que circulam, sobretudo a respeito dela mesma, nos diferentes espaços em que se insere e de acordo com os usos de instrumentos e signos nos contextos dos quais faz parte.

Assim, é enfocando aspectos referentes à mediação do outro e da linguagem e de seu papel nos processos de autorregulação que buscamos compreender aspectos do desenvolvimento da criança com Autismo na educação infantil.

Pensando o desenvolvimento da criança com Autismo

As concepções de Autismo, em grande parte das produções acadêmicas brasileiras em educação, estão vinculadas às noções de desvio e anormalidade, significando o Autismo infantil como doença ou incapacidade (VASQUES, 2009). Romper com essas concepções demanda um novo olhar para a criança com Autismo, um olhar para as possibilidades, refletindo sobre como os outros interagem e significam o mundo para essa criança a partir do seu diagnóstico. (VASQUES, 2003; MARTINS, 2009)

Como já dito, a criança está imersa no meio social desde o nascimento. O desenvolvimento não acontece de modo independente da vida social, as possibilidades de desenvolvimento não se encontram apenas no sujeito, mas também nos outros membros do meio social que constituem o sujeito a partir do modo como se relaciona com esse e o insere nas práticas culturais. Portanto, as mudanças na ontogênese (no desenvolvimento do organismo biológico) precisam ser interpretadas em termos de um processo sociogenético, de acordo com o lugar que o indivíduo ocupa na ordem social.

Na relação entre o social e o individual, a educação da criança "anormal", como indica Vigotski (1997), precisa superar uma prática educacional baseada no *deficit*, nas impossibilidades e limitações em relação ao que ela não pode ou não consegue realizar sozinha. Observa-se que as possibilidades educativas da criança com Autismo são muitas vezes reduzidas ao Autismo, restringindo as práticas à reabilitação e adequação social da criança.

Diante da perspectiva histórico-cultural, devemos situar a criança com Autismo no meio social, a partir de como ela é significada e constituída pelo outro sem desconsiderar suas especificidades, mas levando em consideração essa criança como um sujeito que pensa, deseja, sente e representa o mundo de uma maneira peculiar, interagindo com ele de outra forma.

Vigotski (1983) enfatiza que, para investigar o desenvolvimento da conduta da criança normal e anormal, é preciso uma mudança de olhar, para além da comparação; é necessário observar a peculiaridade real de sua conduta em toda sua plenitude e riqueza de expansão, evidenciando o que há de positivo em sua constituição.

No que se refere à criança com Autismo, concordamos com Bosa (2002, p. 34), quando nos diz que:

> [...] a forma como comunicam suas necessidades e seus desejos não é imediatamente compreendida, se adotarmos um sistema de comunicação convencional. Um olhar mais cuidadoso e uma escuta atenta permitem-nos descobrir o grande esforço que essas crianças parecem desprender para lançar mão de ferramentas que as ajudem a ser compreendidas.

Pensamos que é preciso observar mais essas crianças em interação/relação com o meio, considerando que o papel constitutivo do outro e da linguagem nas relações permanece. Os estudos de Vigotski (1997) sobre o desenvolvimento atípico em crianças, embora não tenham abordado o Autismo, ajudam-nos a estabelecer algumas relações e pensar possíveis contribuições para o desenvolvimento da criança com Autismo na busca de um novo olhar para essa criança.

Para o autor, as leis que regem o desenvolvimento da criança com alguma deficiência são as mesmas que regulam o desenvolvimento da criança normal. Contudo, salienta que, diante da criança com desenvolvimento atípico, é preciso levar em consideração que essas mesmas leis se realizam em um conjunto de condições completamente distinto da criança com desenvolvimento típico, pois essas leis adquirem manifestações qualitativamente peculiares e específicas.

Vigotski nos aponta que, principalmente em relação à educação, o desenvolvimento atípico pode parecer ao observador ingênuo uma divergência e discrepância na falta de correspondência entre o desenvolvimento natural e o desenvolvimento cultural, caso não se leve em conta que toda a cultura humana, ou seja, instrumentos, técnicas, signos e símbolos são destinados a pessoas "normais".

Destaca que a deficiência em si não traça o destino da criança, e sim mostra como ela é significada pelos lugares que ocupa. A criança deficiente pode ocupar lugares que a privam do desenvolvimento cultural, que acarretam consequências secundárias, que não são da deficiência em si, mas de origem social, em um desenvolvimento cultural incompleto. Vigotski (1997, p.145) indica que

> com frequência as complicações secundárias são resultado de uma educação incompleta. Se no ambiente onde cresce, teve menos do que poderia ter tido; se ninguém tentou aproximá-la do ambiente; e se a criança teve pouco contato com a coletividade infantil, então aqui podem surgir as complicações secundárias.

Vigotski (1997) enfatiza que, assim como as crianças normais apresentam particularidades em seu desenvolvimento, o mesmo acontece com a criança deficiente que se desenvolve de um modo distinto e peculiar, ou seja, ela necessita de caminhos alternativos e recursos especiais. A educação especial, por caminhos diferentes, precisa promover experiências que invistam no desenvolvimento cultural da criança, sua participação nos diferentes espaços e atividades cotidianas.

A educação da criança com deficiência, como aponta Vigotski (1997), não pode ser uma educação ortopédica, que visa a corrigir o defeito para adequar a criança ao meio, nem uma Pedagogia menor que investe apenas nos processos elementares do desenvolvimento, mas uma educação social que favoreça a criança a desenvolver as funções psicológicas superiores a partir de seu desenvolvimento cultural.

O apontamento do autor nos chama a atenção quando pensamos nos métodos de intervenção[2] que são utilizados

---

[2] O TEACCH (Tratamento e educação para crianças com Autismo e com distúrbios correlatos da comunicação), o ABA (Análise aplicada do comportamento) e o PECS (Sistema de comunicação por meio da troca de figuras) são apresentados por Mello (2004) como os tipos mais usuais de intervenção.

com as crianças com Autismo que têm por objetivo a adequação e redução dos comportamentos inapropriados, a ampliação ou possibilidade de "comunicação"[3] e a aprendizagem, pelo treino de habilidades, e não um desenvolvimento a partir do meio social em situações significativas que possibilitem a internalização e o domínio da cultura, devido à forma segregada e desarticulada das experiências sociais infantis que esses métodos podem produzir.

Os estudos de Vigotski (1997) sobre o desenvolvimento atípico contribuem na reflexão sobre o Autismo, ao considerar a constituição do sujeito simbólico a partir das suas especificidades na interação e, em como os processos de mediação podem favorecer (ou não) a significação de modo que a criança com Autismo se aproprie e domine a cultura de maneira que regule suas próprias ações.

A constituição do sujeito simbólico, segundo Padilha (2000), está na capacidade de significar o mundo por meio da linguagem, que não é apenas falada, mas é também uma linguagem do corpo, que, para harmonizar seus movimentos, necessita do outro atribuindo sentido e dando forma a esse corpo.

Padilha (2000, p. 208) afirma que a "[...] inserção cultural, pertença ao grupo social com seus usos e costumes são práticas discursivas", logo as ações não são condicionadas, mas significadas de modo que torne o sujeito consciente de si, do outro e do controle de suas ações.

Ao nos indagarmos sobre a constituição simbólica da criança com Autismo, deparamo-nos com um sujeito que apresenta especificidades caracterizadas frequentemente pelo corpo desorganizado, impulsivo, que apresenta movimentos este-

---

Monte e Santos (2004) propõem uma abordagem educacional baseada no método TEACCH.

[3] A comunicação, neste caso, tem um sentido restrito de emitir uma mensagem a um receptor específico, diferenciando-se da função comunicativa da linguagem na perspectiva histórico-cultural que se constitui na significação e generalização das experiências.

reotipados e repetitivos; por uma fala ausente ou sem sentido e com repetição de palavras; e com peculiaridades nas interações sociais e simbolização.

Parece-nos que a aparente falta de sentidos dos gestos, das ações, da fala e das interações tornou-se uma marca do Autismo, desconsiderando-se que há um sujeito singular e único para além desse transtorno. Portanto, no processo de significação e inserção cultural da criança com Autismo, chamam-nos a atenção o desenvolvimento e a aquisição da linguagem em sua função reguladora para a organização e estruturação dessa criança.

Nesse processo de significação, quais os sentidos compartilhados com/pela criança com Autismo no espaço da educação infantil? Torna-se fundamental observar pistas e indícios de formas de agir dessa criança sobre o mundo, a partir de uma linguagem que não é apenas verbal, mas é também uma linguagem do corpo que ganha sentido, se organiza e se constitui como um corpo simbólico, na medida em que se apropria dos instrumentos e signos culturais e os utiliza.

A interação entre sujeitos não é uma relação direta; ela é mediada por signos, principalmente pela linguagem que torna as práticas culturais discursivas, pois é a partir da linguagem do outro, nas palavras e nos gestos que os sentidos são produzidos e compartilhados. Dessa forma, abordaremos, no capítulo a seguir, a linguagem no processo de significação para/da criança com Autismo, tomando-a como referência a mediação pedagógica.

Qual é o papel do professor no desenvolvimento da criança com Autismo?

> [...] o professor não se serve e não depende do desenvolvimento, ao mesmo tempo em que não, simplesmente, acrescenta aprendizagens; por meio de seu trabalho educacional, pode provocar desenvolvimento, ao favorecer aprendizagens novas e mais complexas. (ROCHA, 2005, p. 45)

Como descrito no capítulo anterior, o desenvolvimento cultural da criança é um processo de aprendizado/apropriação da cultura pela significação do outro na e pela linguagem. Por meio da linguagem, o mundo é traduzido para a criança que vai sendo inserida no meio social. Na medida em que se apropria e internaliza a cultura, suas funções psicológicas superiores se desenvolvem de modo que ela mesma possa interpretar o mundo e regular seus modos de agir sobre ele.

O conceito de mediação é central na abordagem histórico-social. Portanto, o desenvolvimento humano não pode ser visto como um percurso solitário; ele depende dos modos de participação do outro, na inserção e interação do sujeito na vida cultural, um processo que acontece a partir da linguagem que possibilita a comunicação e a realização de ações conjuntas.

Como a linguagem é fundamental na inserção e interação no meio social que são fundamentais para o desenvolvimento infantil, nossa reflexão visa analisar como a linguagem do outro pode favorecer o desenvolvimento da criança com Autismo no espaço da educação infantil, possibilitando formas de se perceber e participar das práticas culturais estabelecidas nesse espaço.

A imersão da criança com Autismo, no universo cultural e simbólico da educação infantil, tem uma relação direta com a forma como suas ações são inseridas pelos outros no sistema de significação cultural e escolar. No movimento de produção de significações, faz-se necessário analisar os modos de participação do outro.

A significação no espaço escolar está diretamente relacionada com o papel e a função social da instituição escolar, isto é, a transmissão e apropriação do conhecimento acumulado ao longo da história às gerações mais novas. Na instituição escolar, os lugares, os papéis e as funções daqueles que ensinam e daqueles que aprendem são marcados e delimitados histórica e institucionalmente, traçando um modo de relação específico entre eles.

A partir da abordagem histórico-cultural, entendemos a atividade do professor na educação infantil, que tem por objetivo maior o desenvolvimento expressivo-motor, socioafetivo, cognitivo e linguístico das crianças, por meio da mediação pedagógica. Essa forma de mediação se caracteriza pela intencionalidade e sistematicidade e necessita de planejamento das ações, diferenciando-se das mediações cotidianas que são imediatas e nem sempre intencionais.

No desenvolvimento e na constituição da criança com Autismo, interessamo-nos pelos processos de significação da atividade dessa criança por meio da mediação pedagógica na educação infantil. Nesse contexto, é preciso analisar como as práticas são vivenciadas e significadas para a criança com Autismo, de modo que se possam observar nessa criança indícios de compartilhamento dos sentidos ali produzidos a partir da forma como ela participa com toda sua singularidade.

Portanto, instiga-nos analisar de que maneira essa criança é compreendida no espaço escolar por seus professores e pares; como as relações e interações sociais contribuem para que ela se aproprie da cultura; e de que forma ocorre a mediação do outro no sentido de significar e regular suas ações, possibilitando sua inserção no meio social de modo mais autônomo. Consideramos, assim como Rocha (2005, p. 35), que

> são as pessoas com quem ela se relaciona que, efetivamente, lhe propiciam sua participação na dimensão simbólica elaborada socialmente, na medida em que interpretam e atribuem significados aos seus movimentos, privilegiadamente por meio do uso de formas verbais de linguagem.

A dificuldade de compreender a linguagem e de compartilhar sentidos com a criança com Autismo pode configurar situações interativas marcadas pelo baixo investimento do outro na interação, prendendo-se na falta de retorno da criança e não na busca de pistas e indícios desse retorno. (MARTINS, 2009; CRUZ, 2009)

A linguagem da criança com Autismo é marcada por suas estereotipias. A corporal apresenta gestos repetitivos e a verbal ecolalia (repetição imediata ou tardia de palavras). Carvalho e Avelar (1998) apontam que as estereotipias são repetições que se esvaziaram do valor simbólico e causam um efeito de estranhamento no interlocutor. Essa estereotipia da criança com Autismo reduz o valor simbólico de sua linguagem, pois seus atos, interpretados como estranhos e "bizarros", são validados pelo seu diagnóstico, limitando a significação ao Autismo.

No espaço escolar, é preciso perceber o sujeito em constituição. A aprendizagem da criança com Autismo deve ser orientada para um maior investimento nos processos de significação, ressignificar a criança para além do Autismo. Perceber as formas de interação do sujeito em toda sua singularidade, pois a significação dos gestos e das palavras, como nos aponta Vigotski (2005), existe primeiro para outro e, somente depois, é que passa a existir para a própria criança.

O processo de convencionalização de sentidos que perpassa os gestos e as palavras da criança está inter-relacionado com a interpretação que o adulto faz deles e com o modo como a criança se apropria do sentido produzido na dinâmica interativa. Investir nos processos de significação é apostar que é possível compartilhar sentidos com a criança com Autismo, significando suas ações ao mesmo tempo em que a orienta para aquilo que se espera da criança em determinadas situações.

Para Smolka (1991), partindo dos estudos de Bakhtin, os sentidos não existem por si só, eles são produzidos nas enunciações concretas. As enunciações que acontecem no espaço escolar refletem o controle exercido pelo professor que, diante do lugar que ocupa, de sua voz social, orienta as ações das crianças. Contudo, essa voz se constitui e se modifica no movimento de interlocução; o modo de falar e agir do professor é perpassado pelas falas de seus alunos e pela imagem que faz deles.

Na mediação pedagógica, no contato cotidiano, a imagem da criança com Autismo (genérica) produzida no discurso social macro, de quem não interage com o outro, deve abrir espaço para a imagem de uma criança que apresenta sim especificidades, mas, como toda e qualquer criança (e ser humano), necessita do outro para se desenvolver culturalmente de forma singular e única.

Tendo em vista que o processo de aprendizagem se dá nas condições concretas de vida dos sujeitos, partilhado nas relações de ensino, consideramos que, na mediação pedagógica, o modo como o professor conduz o processo, mediando a participação da criança com Autismo, pode favorecer ou restringir as aprendizagens, o que consequentemente impulsiona ou limita o desenvolvimento dessa criança.

As formas de interação entre o professor e a criança com Autismo, em uma perspectiva histórico-cultural, não podem ser desvinculadas da dimensão afetiva que suscita o pensamento e a ação deles, inserindo-os no universo dos desejos, das necessidades e das vontades.

Para Vigotski, não há como separar os pensamentos e as ações dos sujeitos da base afetivo-volitiva que os move. Portanto, as ações do professor, no processo de mediação pedagógica com a criança com Autismo, são movidas por interesses, necessidades, desejos e motivações pessoais que envolvem situações concretas de vida e relação. "Uma compreensão plena e verdadeira do pensamento de outrem só é possível quando entendemos sua base afetivo-volitiva". (VIGOTSKI, 2005, p. 187)

Portanto, consideramos, de acordo com Oliveira (2005), que o afeto constitui os processos interativos. As relações estabelecidas em sala de aula são perpassadas pelo afeto. As interações que acontecem na escola, assim como as demais interações sociais, são permeadas por práticas discursivas que, movidas e atravessadas pelo afeto, circulam no espaço escolar e constituem os modos de interação com/da criança com Autismo.

As práticas realizadas na escola devem favorecer à criança com Autismo, novos modos de ser e de se constituir, abrindo caminho para possibilidades singulares de interagir com os outros e o mundo. A mediação pedagógica deve ser intencional, uma ação consciente de mediar e intervir "[...] com o propósito de promover a interação social e a participação na cultura, desenvolver a linguagem e as formas de significar o mundo, e elevar os níveis de pensamento". (GÓES, 2002, p. 106)

Como resalta Vigotski (2007), aprendizado e desenvolvimento são processos que se relacionam desde o início da vida da criança, contudo a aprendizagem escolar se difere da aprendizagem espontânea, cotidiana não somente pela sistematicidade mas também pelo que ela produz de novo no desenvolvimento da criança.

A mediação pedagógica deve se orientar para criar zonas de desenvolvimento proximal, isto é, se orientar para o futuro, investindo em aprendizagens que, embora não estejam consolidadas, estão em processo de maturação. O professor precisa, sem desconsiderar a especificidade da criança com Autismo, investir nas potencialidades e nas suas possibilidades de interação e de constituição como ser social, membro de uma determinada cultura, portanto, com o direito de acesso ao patrimônio cultural produzido no âmbito dessa cultura.

Ao se orientar para criar zonas de desenvolvimento proximal na criança com Autismo, a mediação pedagógica deve fundamentar-se em processos compensatórios. Atuar na zona de desenvolvimento proximal por meio de processos compensatórios é investir nas possibilidades da criança com Autismo, a partir das vivências concretas dentro da escola que mobilizem essa criança a interagir com os outros e com o meio.

A compensação, para Vigotski (1983, 1997), é o processo no qual o outro, nesse caso, o professor, investe no desenvolvimento cultural da criança com Autismo, oferecendo a ela caminhos alternativos, orientando prospectivamente esse desenvolvimento, rompendo com as limitações que encontra no meio, a partir da busca de possibilidades de essa criança interagir e participar desse meio, da cultura, envolvendo-a no campo da significação.

Compartilhamos do pensamento de Anache (2008, p. 52) que diz:

É necessário considerar que o curso de desenvolvimento desse sujeito passa pela colaboração, pela ajuda social de outra pessoa, que inicialmente é a sua razão, sua vontade, sua atividade. Essa tese coincide plenamente com o curso normal do desenvolvimento da criança.

O professor precisa perceber-se como o outro da mediação pedagógica, que privilegia as potencialidades da criança com Autismo, de forma que se possibilite uma vivência significativa da linguagem. O professor, em sua relação com a criança com Autismo, pode auxiliá-la a realizar atividades que ela ainda não faz sozinha, investindo para que, futuramente, ela possa vir a realizá-las sem ajuda.

Ao pensarmos na criança com Autismo e em como criar zonas de desenvolvimento proximal, remetemo-nos a Freitas (2001), quando nos aponta que a atuação na zona de desenvolvimento proximal não acontece de modo linear e harmônico; existem tensões e conflitos nessa relação de complementaridade entre eu e outro.

Não há como prever como e quando os avanços vão se concretizar. O desenvolvimento não se consolida no momento da atividade realizada em colaboração e as respostas nem sempre são imediatas, necessitando um maior investimento do adulto, administrando as frustrações e as resistências. Atuar na zona de desenvolvimento proximal é observar as pistas e os indícios de mudança que ocorrem no desenvolvimento, que se efetivam de modo não linear e não progressivo, possibilitando no presente lançar olhares prospectivos para o futuro.

O conceito de zona de desenvolvimento proximal favorece, no processo de ensino para crianças com alguma deficiência, a mudança de olhar dos profissionais que se voltam "[...] para as deficiências da criança, ao invés de se voltar para seus pontos fortes, encorajando-a". (VIGOTSKI, 2005, p. 130)

Ciente de que as relações não são sempre harmônicas, os encontros nem sempre são potencializadores e de que, na dinâmica das relações, existem tensões, conflitos e resistências por parte dos que estão em interação, em nosso caso, professor, criança com Autismo e seus pares. Consideramos que, pela linguagem, no modo como orientam e regulam as atividades da criança, professor e demais crianças podem (ou não) favorecer que a criança realize as atividades de forma mais consciente e autorregulada, a partir das apropriações culturais constituídas na/pela significação.

A linguagem e o outro ocupam um papel relevante no desenvolvimento da autorregulação, pois é na palavra do outro, no modo como ela é enunciada e interpretada, a partir de uma rede de significações, que os sentidos são produzidos na atividade da criança regulando culturalmente sua ação.

No diálogo com a perspectiva histórico-cultural, representada pelos estudos de Vigotski, buscamos a visão prospectiva que, de acordo com Carvalho (2006, p. 35), "[...] privilegia os aspectos dinâmicos e as potencialidades que emergem e se realizam continuamente (das mais diversas formas) nas relações da pessoa com o mundo".

Ao destacarmos o papel do professor como o outro do desenvolvimento infantil, não podemos desconsiderar a dimensão afetiva que perpassa a relação entre sujeitos. No encontro entre sujeitos, somos afetados e afetamos quem encontramos, o que constitui o modo como nos relacionamos com cada sujeito e a maneira como os sentidos são atribuídos e compartilhados. É nessa relação com o outro que a criança com Autismo e o professor se constituem mutuamente.

A CRIANÇA COM AUTISMO NA EDUCAÇÃO INFANTIL: (DES)ENCONTROS, TRABALHO COLABORATIVO E APOSTA NO SUJEITO PARA ALÉM DO AUTISMO

> [...] o mundo não é visto simplesmente em cor e forma, mas também como um mundo com sentido e significado. (VIGOTSKI, 2007, p. 24)

Neste capítulo, iniciaremos a descrição do estudo que, diante do trabalho pedagógico com a criança com Autismo, se propôs a uma "[...] vivência experimental entendida como uma atuação sobre a realidade para conhecê-la, transformando-a em suas condições de produção" (FONTANA, 1993, p. 126). Para isso, a atuação conjunta com o professor em um trabalho colaborativo[1] foi essencial para que as características de intencionalidade e sistematicidade da mediação pedagógica fossem assumidas pelo professor investindo no desenvolvimento dessa criança, atento às suas dificuldades e, sobretudo, às suas potencialidades.

Realizamos o estudo em um Centro Municipal de Educação Infantil (CMEI) da rede municipal de Cariacica-ES[2], em uma turma de quatro anos do CMEI e teve como sujeitos a

---
[1] O trabalho colaborativo se constituiu na observação e atuação em conjunto com as professoras das práticas pedagógicas desenvolvidas com a turma, sistematizando ações e intervenções para a criança com Autismo.
[2] O município de Cariacica compõe a região metropolitana da Grande Vitória, juntamente com Vitória, Vila Velha, Viana, Guarapari, Serra e Fundão.

criança com Autismo (Daniel), suas professoras (Estela, Raquel e Alice) e as demais crianças da turma.[3]

Daniel tinha cinco anos, não falava, não brincava, pouco olhava para o outro nem interagia com as situações e pessoas no CMEI. Estela era a professora regente da turma. Raquel a professora colaboradora de planejamento, que assumia a turma nos dias de planejamento de Estela. Alice, professora colaboradora de ações inclusivas, chegou à escola no início de maio para atuar com os alunos com necessidades educacionais especiais.

A partir do encontro entre esses sujeitos e da proposta do estudo na abordagem histórico-cultural, o presente capítulo se divide em três momentos. O primeiro abordará as angústias e os desafios iniciais das professoras no trabalho com Daniel. O segundo apresenta os movimentos do trabalho colaborativo com as professoras. O terceiro momento descreve o processo de ressignificar o trabalho das professoras com Daniel para que as mediações realizadas fossem intencionais e sistematizadas, o que implicou uma construção compartilhada.

Os (des)encontros nos espaços e tempos da educação infantil

O encontro com Daniel no CMEI foi o primeiro contato das professoras com o Autismo infantil e, inicialmente, reforçou a imagem que faziam da criança com Autismo como alguém que vive em um mundo seu, que tem dificuldade de interagir com outras pessoas, pois Daniel pouco se relacionava com adultos e crianças, e as professoras não sabiam como estabelecer uma relação com ele pelo fato de ele não responder às solicitações, não se comunicar e se isolar.

---
[3] Os nomes das crianças e professoras são fictícios.

Daniel era visto por todos na escola como uma criança dependente do outro, fosse um adulto, fosse outra criança, para fazer tudo, da circulação nos espaços escolares à utilização dos materiais e instrumentos disponíveis nesse espaço. Daniel foi assim definido pela professora Estela:

Ele não fala, é muito dependente, não vai ao banheiro sozinho e não pede para ir, então levamos ele em diferentes horários. Quando chegamos ao banheiro, temos que tirar sua roupa e ajudá-lo em tudo. Com a água, é a mesma coisa, temos que dar na boca, senão ele não bebe... o lanche da escola ele só come se for merenda salgada e temos que dar na boca... Não adianta falar com ele para fazer, ele tá sempre muito distante, distraído e parece que não escuta a gente quando fala, porque ele nem vira em nossa direção. Para fazer qualquer coisa com ele, de um desenho a ir para o parquinho, eu tenho que estar com ele, segurando na mão dele, senão ele não faz nada, não vai. Às vezes, eu peço ajuda aos outros alunos, por exemplo, quando eu vou fazer a fila, eu peço para algum aluno trazer o Daniel, mas ele não gosta de ficar de mãos dadas com outra criança, ele solta e vem segurar a minha, ou a da Raquel... acho que é a referência dele com o adulto (relato feito pela professora regente Estela, diário de campo, 30/4/2010).

O modo como Daniel se comportava no espaço escolar causava uma grande angústia nas professoras Estela e Raquel por não saberem como criar situações para provocar avanços no desenvolvimento da criança a partir do trabalho realizado com a turma, como nos foi dito no relato a seguir:

[...] eu não sei como agir; ele não participa de nada... ou fica correndo de um lado para outro, ou fica quieto "viajando", olhando para o nada e fica assim em qualquer lugar, na sala, no parquinho, nas brincadeiras aqui fora (área interna) [...] na maioria das vezes ele fica afastado andando de um lado para o outro e olhando os ventiladores (relato da professora regente Estela, diário de campo, 5/5/2010).

As professoras sentiam-se despreparadas para trabalhar com uma criança com Autismo, despreparo que, em parte, esvaziava de sentido o fazer pedagógico, pois elas acreditavam que tinham pouco a oferecer ao aluno a partir do trabalho que desenvolviam com a turma de quatro anos.

A rotina de trabalho com a turma era baseada na organização do tempo e da utilização dos espaços e materiais coletivos do CMEI. O tempo de início e fim das atividades era marcado pela orientação da professora na organização da turma: se era uma atividade em sala, ela pedia às crianças que se sentassem em seus lugares e começava a explicar o que seria feito; se era para fazer uma roda, Estela ou Raquel pedia às crianças que se sentassem no chão em roda; quando tinham de sair da sala, a organização do grupo era sempre em fila para ir de um lugar a outro. Nas brincadeiras com brinquedos em sala ou no pátio interno, o final da atividade era marcado pelo pedido da professora para que as crianças arrumassem os brinquedos, em seguida, direcionava a próxima atividade.

O processo interativo e, consequentemente, as mediações aconteciam a partir da orientação de uma das professoras, o que possibilitava aos alunos prever ações que poderiam realizar, bem como modos de relação com os outros no espaço do CMEI. Nesse contexto, as professoras esperavam das crianças determinadas ações e comportamentos uns em relação aos outros. No caso das atividades educativas, esperavam que as crianças realizassem as ações de acordo com as orientações dadas, como fazer a fila, sentar no chão, desenhar, brincar, entre outras. De modo geral, as crianças atendiam a essas expectativas das professoras. Entretanto, o mesmo não ocorria em relação a Daniel.

Os tempos e os espaços do CMEI pareciam não fazer sentido para Daniel. Nos diferentes espaços e, por consequência, nas situações, ele pouco interagia, permanecia fisicamente distante das situações ou com seu olhar vago; pouco participava da dinâmica que acontecia com o grupo. Nas situações coletivas, ele resistia em permanecer com o grupo, ficava à parte, andando de um lado para outro, realizando movimentos de balançar as mãos ou andando pela escola de porta em porta, para olhar os ventiladores das salas.

As ações de Daniel não atendiam às expectativas das professoras em relação à orientação dada ao grupo, mas eram aceitas por ele ser uma criança com Autismo, como descrito na situação a seguir:

A professora Estela organiza os alunos para escovação e os leva para o pátio interno e pede a eles que sentem no chão. Daniel não senta. Estela se aproxima de Daniel e o coloca sentado no chão, ele resmunga um pouco, se levanta logo em seguida e se afasta um pouco de onde o grupo está. Daniel vai até a grade que separa a área interna do CMEI da externa e fica ali andando de um lado para outro, balançando as mãos. Estela chama: "Vem Daniel sentar aqui com os colegas", mas ele parece não ouvi-la. Estela começa a entregar as escovas de dente, chama um a um os alunos pelo nome, que se levantam, vão até ela para pegar a escova de dente e, em seguida, vão para o banheiro. Daniel fica afastado, próximo à grade, concentrado em seus movimentos de balançar as mãos e dedos, não olha para o grupo. A professora deixa Daniel por último, vai até onde ele está, pega em sua mão e diz: "Vamos lá escovar os dentes" e o leva até o banheiro onde escova os dentes do aluno (diário de campo, 4/5/2010).

Na situação descrita, embora Daniel não atendesse às expectativas da professora em relação ao que foi orientado para sua turma, o fato de ele se afastar do grupo e não participar das situações passou a ser uma ação esperada pela professora em relação a ele. A professora Estela investe na sua participação no final, quando se aproxima dele e o leva para escovar os dentes. O isolamento de Daniel fazia com que, em diversas situações, as intervenções da professora também fossem isoladas, fora do grupo, o que pouco favorecia a ele se perceber como parte do grupo.

Como as professoras não costumavam atuar ao mesmo tempo com as crianças, sozinhas com a turma de quatro anos, elas optavam por conduzir o grupo e, ao final da atividade, intervir com Daniel. Esta opção das professoras de atuar/intervir com Daniel somente após explicar as atividades e atender às demais crianças se justificava na resistência dele em estar com o grupo, na interação restrita com as pessoas, os objetos e as situações, o que limitava as possibilidades de interação das professoras com ele e as outras crianças simultaneamente.

Para que Daniel participasse mais da rotina do grupo, e Estela pudesse dar continuidade ao que realizava com o grupo, a professora pedia ajuda das demais crianças da turma, tais como: buscar Daniel quando saía da sala, no momento de escovação, ou segurar a mão dele para acompanhar a fila, o que foi aproximando algumas crianças dele.

Nas observações, foi possível perceber que as crianças interagiam com Daniel nos momentos em que a professora solicitava. Elas ficavam felizes, sentiam-se responsáveis por ele. Contudo, as interações das crianças com ele ocorriam com mais frequência quando a professora solicitava. Nas situações de brincadeiras livres, no pátio interno ou no parquinho, as crianças pouco buscavam por Daniel.

Os alunos pouco se aproximavam de Daniel durante as brincadeiras e alegavam que *"ele não gosta de brincar"*.[4] Algumas meninas tentavam colocar Daniel em brincadeiras de faz de conta, nas quais ele era sempre quem precisava ser cuidado, mas ele não permanecia na situação; logo se afastava para ficar correndo ou buscando pelos ventiladores da escola. Nessas situações, a professora não intervinha, pois a brincadeira era livre.

Em algumas atividades, as professoras tinham mais facilidade de conduzir o grupo e Daniel, como nas brincadeiras

---

[4] Relato do aluno João Lucas no dia 26/5/2010, quando pedimos que ele montasse um carrinho para Daniel.

com regras e na modelagem com massinha, em que elas conduziam a situação ao lado de Daniel, fazendo para ele e com ele. Contudo, quando elas se afastavam dele para intervir com outras crianças, Daniel começava a realizar o movimento de balançar as mãos e se afastava de onde a turma estava.

Percebemos que o fato de ele não falar, não expressar suas vontades e pouco interagir com as pessoas e situações fazia com que, inicialmente, a relação das professoras e das crianças com Daniel fosse uma relação predominantemente marcada pelo cuidado. Elas o conduziam, mas as reações dele diante das situações provocavam um estranhamento, devido à interação restrita com adultos, crianças e materiais disponíveis, o que dificultava as professoras conhecer e investir nas possibilidades de desenvolvimento dessa criança.

As mediações das professoras Estela e Raquel tinham por objetivo conduzir Daniel nas diferentes situações pelo fato de ele "ser dependente", entretanto pouco favorecia a ele sair do lugar de dependente. A ansiedade e o receio das professoras, em relação à segurança e à integridade física de Daniel, acabavam por reforçar sua situação de dependência.

A relação entre cuidar e educar na educação infantil são processos indissociáveis na formação integral dos alunos. Momentos como a hora de higiene, alimentação, fila e brincadeira podem ser situações de aprendizagem que, a partir da participação em práticas culturais cotidianas, possibilitam a apropriação de signos e instrumentos por Daniel, produzindo novas/outras formas de interagir com o meio e com os outros.

Diante do estranhamento, do receio e da ansiedade das professoras em relação ao trabalho com Daniel, as possibilidades de mediações se configuravam em conduzir o aluno nas diversas situações cotidianas. Ao conduzi-lo, as professoras preocupavam-se com a alimentação, com a sede, com o sono, com a presença e a participação dele com a turma, contudo não viam muito sentido no que faziam com Daniel, não sabiam como proporcionar uma participação mais ativa para essa criança.

A falta de sentido para as ações de Daniel fazia com que ele fosse objeto de cuidado por parte dos profissionais da escola, cuidado este justificado pela dependência do aluno. Concordamos com Padilha (2007, p. 107), ao apontar que,

> [...] quando há limitações graves para o controle das próprias ações, toda a vida social do sujeito fica comprometida e é muito mais difícil de serem organizadas as mediações mais eficazes [...]. A ideia de que não há controle da vontade, de que a compreensão é pequena e conturbada, de que as palavras não dizem ao outro de forma compreensível o que deveria dizer, a escola, a clínica e por consequência a família, tratam o deficiente e do deficiente como uma criança que precisa de controle, de uma espécie de tutor das suas ações – o deficiente não é responsável por seus atos e sua vida é toda decidida pelos outros. No entanto, é justamente nesse domínio da vontade, nesse saber-se pertencendo a um grupo social, a uma determinada comunidade que está uma das principais fontes de desenvolvimento cultural – exercer controle sobre a própria vida, sobre as próprias dificuldades, sobre o próprio corpo...

A função da escola é possibilitar novos aprendizados e impulsionar o desenvolvimento. As professoras sabiam disso, mas, em frente de Daniel e de sua interação restrita, o papel de professora parecia se esvaziar de sentido. Era preciso olhar mais para Daniel e buscar nele, nos movimentos de seu corpo, formas de expressões. Estela e Raquel precisavam estar com ele, se inserir nas inúmeras situações com ele, interpretando e significando suas ações, possibilitando ao aluno formas de agir no espaço escolar a partir de suas peculiaridades.

Góes (2008, p. 43) nos esclarece que, "[...] para compreender a superação cultural do *deficit*, muitos conhecimentos precisam ser ampliados a respeito do sujeito em suas peculiaridades sociopsicológicas e do outro em seus modos de participação". As professoras precisavam se reconhecer como mediadoras, era preciso tornar Daniel sujeito nas situações cotidianas, proporcionar à criança com Autismo, a partir das mediações pedagógicas, o pertencimento ao grupo e a possibilidade de ter o controle sobre suas ações.

Por estarem sozinhas com o grupo, as mediações de Estela e Raquel inseriam Daniel nas práticas da cultura escolar em momentos pontuais. Contudo, era necessário atribuir sentidos aos gestos, aos risos, ao choro, ao olhar e aos sons de Daniel, nas diversas situações, a partir das interpretações que elas faziam, ressignificando-o, tornando-se interlocutoras dessa criança, pois, na base do desenvolvimento, está a linguagem do outro que orienta a atenção, a vontade e a ação da criança.

Dessa forma, na educação infantil, as crianças são orientadas pelos adultos nos diferentes momentos e atividades. Os modos como os outros interpretam, orientam e regulam suas ações no espaço escolar são internalizados pela criança em um processo no qual ela se apropria das formas culturais, ao mesmo tempo em que as modificam criando sua maneira singular de interagir/intervir no meio, regulando suas próprias práticas com o meio.

A partir desses processos de internalização e apropriação das formas culturais na interação com o outro que orienta o modo da criança de agir no meio, é que a possibilidade de regular a própria ação se constitui. Inicialmente, as ações da criança são orientadas pelo outro a partir da interpretação que esse outro faz, até que, em um momento posterior, ela transforma essa orientação do/para o outro em recursos que lhe possibilitam regular sua própria ação, orientada para si mesma, o que é fundamental para o ato voluntário.

A tomada de consciência pela criança de seus atos é um processo no qual seus atos motores, naturais, "em si", são significados pelo outro e se transformam em atos intencionais "para o outro". Nesse processo de agir para o outro, a criança toma "para si" o significado cultural da ação, modificando seu modo de interagir com esse outro. A criança começa a participar das práticas culturais de seu grupo por meio do outro que significa, interpreta e orienta suas ações, inserindo-a no universo semiótico.

Acreditamos que, diante da criança com Autismo e suas especificidades, assim como de qualquer criança, as possibilidades de desenvolvimento não estão predeterminadas; elas são criadas e recriadas nas situações concretas em que suas potencialidades se manifestam de alguma forma, nos processos interativos. As professoras precisavam compreender seus papéis como mediadoras que, intencionalmente, criam situações que possam favorecer o desenvolvimento da criança com Autismo.

O trabalho colaborativo com as professoras

A imersão no campo de estudo se deu em um trabalho em conjunto com as professoras, articulando a prática de pesquisa com a prática e formação docente, com o objetivo de que as professoras se percebessem como mediadoras de Daniel e, intencionalmente, podiam investir nos processos de significação, possibilitando a participação dessa criança nas situações a partir do compartilhamento dos sentidos produzidos no espaço escolar.

Um dos aspectos do trabalho colaborativo foi a realização do planejamento semanal com a professora regente. Os primeiros planejamentos de ações para inserir Daniel foram feitos pela pesquisadora, juntamente com a professora regente Estela, a professora Alice e a pedagoga, e tomavam como base o planejamento diário da professora regente para o grupo. Nosso primeiro objetivo era aproximar Daniel das situações, ou seja, em uma roda de contação de história, colocá-lo na roda e mostrar o que acontecia; em uma situação de desenho, entregar-lhe a atividade e mostrar as possibilidades de utilização dos materiais disponíveis, para conhecermos as possibilidades de nossas intervenções nas situações.

Durante os planejamentos, a queixa principal da professora Estela era a ausência e a dependência de Daniel, a dificuldade em compreendê-lo, entender seus desejos e necessidades, pois ele estava sempre distante, não olhava para as pessoas, não falava, pouco "se expressava", necessitava sempre de outra pessoa com ele para participar das atividades e situações.

Definimos que, a princípio, teria um adulto junto a Daniel, mostrando para ele as situações e inserindo-o nelas. Isso foi possível, pois, com a presença da pesquisadora e da professora colaboradora, a professora Estela contava com outro profissional na turma por três a quatro vezes na semana.

A presença de outro profissional atuando em parceria com as professoras, Daniel e a turma era a possibilidade de inseri-lo nas situações em que as atividades aconteciam. Dessa forma, nas situações cotidianas, enquanto a professora regente conduzia as situações com o grupo, a professora colaboradora de ações inclusivas e a pesquisadora se colocavam nas situações cotidianas junto a Daniel, chamando a sua atenção para o que acontecia à sua volta, significando e inserindo-o nas situações, instigando sua participação de modo voluntário.

No decorrer do processo de inserir Daniel nas situações coletivas, percebemos que algumas dinâmicas nas situações precisavam ser modificadas, para favorecer o trabalho da professora regente com a turma e Daniel, proporcionando situações de desenvolvimento para todas as crianças. Investimos no trabalho com pequenos grupos, um momento semanal em que a professora dividia a turma em três ou quatro grupos, propondo atividades diversificadas[5] para cada grupo.

O objetivo do trabalho com pequenos grupos era favorecer momentos de intervenção mais individualizada por parte da professora regente, possibilitando que ela se colocasse como mediadora nas situações e identificasse os percursos de aprendizagem de cada criança, explorando mais as hipóteses das crianças e observando o desenvolvimento de cada uma a partir dela mesma.

Os planejamentos se constituíram como um espaço de reflexão e construção de ações para inserir Daniel e implicaram movimentos, como a mudança da disposição das carteiras da sala, que proporcionou mais interação entre as crianças, ao mesmo tempo em que favoreceu que Daniel percebesse a movimentação do grupo.

Nos momentos de planejamento, buscávamos refletir com as professoras e a pedagoga sobre as ações desenvolvidas com Daniel e sua participação, a partir dos modos como nos colocávamos nas situações e possibilitávamos a participação dele. As reflexões direcionaram nossas ações, modificaram a rotina de trabalho da professora regente e nos apontaram a necessidade de realizarmos momentos de estudo.

Ao longo do processo, conseguimos concretizar dois estudos, que aconteceram durante o planejamento semanal. O primeiro foi sobre Autismo, e foi fundamental para esclarecermos dúvidas das professoras em relação à síndrome. Trabalhamos com uma leitura de um livro,[6] e a atividade foi dividi-

---

[5] No trabalho com pequenos grupos, eram propostas para cada grupo atividades diferentes. Em um grupo, a professora mediava as situações, possibilitando que a criança, com sua ajuda, resolvesse situações-problema que ainda não conseguia resolver sozinha; os demais grupos realizavam atividades em que as crianças eram mediadoras umas das outras, fazendo de maneira mais independente as atividades propostas, como desenho, modelagem com massinha, jogos, leitura e manuseio de livros, pintura etc.

[6] ORRU, S. E. *Autismo*: o que os pais devem saber? . Rio de Janeiro, RJ: Wak Editora, 2009.

da em dois momentos, um para debatermos sobre o Autismo e outro para refletirmos sobre a educação da criança com Autismo. Cada momento aconteceu em uma semana, com a leitura prévia do texto e uma posterior discussão.

O segundo estudo[7] abordou os processos de mediação, enfatizando a mediação pedagógica, refletindo sobre o papel do professor como mediador. O objetivo desse segundo momento de estudo foi analisar as situações cotidianas, as mediações com Daniel e as possibilidades de desenvolvimento dele no contexto da educação infantil.

Nas discussões e reflexões dos estudos, participaram a professora regente, Estela, a professora colaboradora de ações inclusivas, Alice, a pedagoga, Lia e a pesquisadora. A professora Raquel, colaboradora de planejamento, não pôde participar dos momentos de discussão e reflexão, pois tinha de ficar com a turma, contudo ela recebeu o material, leu e procurou a pesquisadora em diferentes momentos para falar sobre os textos.

O movimento no estudo de campo não foi harmônico. Tivemos momentos de dúvidas, incertezas, questionamentos, avanços e retrocessos. Foi preciso, no trabalho conjunto com as professoras, inicialmente, fazer para as professoras, ou seja, após o planejamento, na ação concreta, a pesquisadora se colocava como mediadora de Daniel e da turma, realizando processos mediativos com as professoras.

Assim, no trabalho colaborativo com as professoras, diante do não saber fazer relatado por elas e dos objetivos da pesquisa, assumimos diante de algumas situações intervindo diretamente com Daniel, até que as professoras começaram a participar junto e, aos poucos, foram se responsabilizando pelo papel de mediadoras, cada uma com sua singularidade.

---

[7] O texto do estudo foi: ROCHA, M. S. P. M. L. *Não brinco mais*: a desconstrução do brincar no cotidiano educacional. Ijuí, RS: Unijuí, 2005. p. 27-51.

Uma aposta no sujeito para além do Autismo: ampliando o olhar para Daniel

A vivência escolar possibilita o acesso a diferentes produções culturais, proporcionando o desenvolvimento dos alunos por meio de aprendizagens que envolvem o conhecimento dos tempos e espaços escolares, observando como estes podem ser utilizados, a partir da forma como a mediação pedagógica aproxima a criança dos objetos, das pessoas e das situações, investindo ou não em suas potencialidades.

Sem desconsiderar a função dos múltiplos outros que perpassam a vida escolar da criança com Autismo, destacamos, no espaço escolar, o papel do professor como o outro que, de modo intencional e sistematizado, pode ampliar a inserção da criança na cultura pela mediação pedagógica.

Dessa maneira, o presente item descreverá como a mediação pedagógica se organizava de modo que se aproxime Daniel das situações, das pessoas e dos objetos, para que ele pudesse vivenciar os diferentes espaços e tempos do CMEI pelos quais sua turma transitava.

A inserção de Daniel nos diferentes tempos e espaços do CMEI era, inicialmente, o meio de possibilitar-lhe avanços no desenvolvimento, um processo no qual o espaço escolar começa a ter uma significação mais ampla, com o compartilhamento de sentidos deste/neste contexto institucionalizado, com regras e modos de ser específicos, ampliando suas experiências no contato/relação com outros adultos e crianças. Conforme aponta Vigotski (1983, p. 305),

> [...] quando a criança adentra na cultura, não só toma algo dela, não só assimila e se enriquece com o que está fora de si, mas a própria cultura reelabora em profundidade a composição natural de sua conduta e dá uma orientação completamente nova a todo o curso de seu desenvolvimento.

Ampliar os meios de Daniel adentrar na cultura, apropriando-se de elementos dessa cultura, constituindo-se e enriquecendo-se a partir dela, reorientando sua conduta em seus modos de ser/estar nos diferentes espaços e tempos do CMEI, dependia do investimento das professoras no trabalho com ele e com o grupo.

Era preciso aproximar Daniel das situações coletivas, proporcionar sua inserção e interação com as pessoas e com os objetos envolvidos na situação, para que ele pudesse compartilhar os modos de agir do grupo.

Como aproximar Daniel do grupo, uma criança com Autismo que tinha, como uma de suas características, o isolamento e a interação restrita? Góes (2008, p. 42) nos indica:

> Esses problemas da interação com alunos especiais têm efeitos muitos prejudiciais, justamente por se tratar de sujeitos que precisam mais que outros (ainda que todos precisem) da disposição do educador para se manterem imersos no processo de significação.

A professora Estela, em seu relato, diz: "[...] *ele tá sempre muito distante, distraído [...]. Para fazer qualquer coisa [...] eu tenho que estar com ele, segurando na mão dele, senão ele não faz nada, não vai [...]*" *(diário de campo, 30/4/2010)*. Sim, era preciso estar com Daniel nas situações, significando-as e descobrindo suas possibilidades de desenvolvimento, em um fazer para/com ele o que ele ainda não é capaz de fazer sozinho, a partir de sua inserção nas atividades do grupo (VIGOTSKI, 2007).

Estar com Daniel nas situações implicava acompanhá-lo e levá-lo a realizar o que fora proposto nas atividades educativas, estando junto, fazendo junto, intervindo de diferentes maneiras até que ele pudesse realizar a ação sozinho. Era preciso sentar no chão com ele; dar a mão, entrar com ele na fila e acompanhá-lo; segurar o copo com ele; mostrar-lhe como se abre e fecha a torneira; segurar em sua mão para desenhar; fazer parte da brincadeira. Enfim, inicialmente, executando as ações por ele, não de um modo mecânico, mas investindo nas possibilidades de que, futuramente, ele pudesse realizar essas ações sozinho.

Nesse caso, tornava-se fundamental "falar com ele",[8] para mantê-lo imerso no processo de significação (GÓES, 2008). Falar sobre o que estava sendo realizado e o que se esperava dele, sobre o que era feito para/com ele, chamando sua atenção para as movimentações que aconteciam nos diferentes tempos e espaços do CMEI, instigando sua participação de modo mais voluntário.

As possibilidades de desenvolvimento de Daniel nos espaços e tempos do CMEI dependiam do investimento das professoras, do modo como elas poderiam ampliar a inserção dele na cultura escolar, investindo em ações que favorecessem para que ele se percebesse como sujeito que faz parte de um grupo e nele pode interagir com toda sua singularidade. Compreender as singularidades da criança com Autismo é percebê-la como criança, como sujeito, que pensa, que sente, que precisa um pouco (ou muito) mais do outro investindo em suas potencialidades.

Daniel precisava ser visto para além do Autismo, era preciso reconhecer nele a criança e não o Autismo, era necessário olhar para o sujeito que ali existia. Assim, parafraseando Vigotski (1983), não podemos esquecer que é preciso educar não o autista, mas, antes de tudo, uma criança. O importante é educar a criança, conhecer como ela se desenvolve, possibilitando sua imersão no meio social, para que, no contato com a coletividade, com os outros, seu desenvolvimento cultural seja ampliado.

---

[8] Góes (2008, p. 42) nos indica que o educador, diante de um aluno com necessidades educacionais especiais, "[...] não deve oferecer experiências de um diálogo menor". Sendo assim, deve falar com ele, e não apenas dele, por ele ou para ele. A autora aponta que, "[...] à primeira vista, a diretriz é simples, mas a história das práticas educativas tem mostrado que não".

Portanto, eram necessárias uma aproximação maior de Daniel e também uma disponibilidade de tempo para conhecê-lo e desenvolver um trabalho apropriado com ele. Conhecer Daniel. Essa foi a primeira necessidade apontada para as professoras: Quem é esta criança? O que ela sabe fazer? Do que ela gosta ou não?

Pensar nas possibilidades de Daniel, naquilo que ele sabia fazer, gostava de fazer, o que ele não fazia quando entrou no CMEI e, no início da pesquisa, já estava fazendo foram caminhos que a pesquisadora sugeriu à professora regente no início da pesquisa. Em resposta a essa solicitação, a professora Estela começa fazendo uma pequena avaliação dos avanços de Daniel:

Ele não faz muita coisa né? É difícil dizer o que ele sabe ou gosta de fazer... porque ele não fala, não olha pra gente, não interage. Eu vejo assim... Ele já brinca no parquinho, sobe e desce do escorregador. Antes ele ficava andando de um lado para outro, agora ele brinca, só que sozinho, fica o tempo todo subindo e descendo no escorregador. [...] ele não gosta de muita gente perto dele, ele não brinca com as outras crianças [...]. No começo do ano, ele não ficava na sala, agora ele já fica [...]. Ele dormia muito. Todo dia ele chegava e dormia, já era rotina, agora ele não dorme mais [...]. Eu só sei que ele não gosta de leite. Qualquer merenda que tenha leite ele rejeita. Sabe, algumas vezes, ele sorri quando fazemos alguma coisa com ele, por exemplo, quando dou a mão para ele subir no escorregador, parece até que ele está nos dizendo algo. Ele tem muitas coisas boas... Ele não é agressivo (relato da professora regente, Estela, diário de campo, 24/5/2010).

No início do relato, a professora apresenta a imagem de Daniel como a de uma criança que não fazia muita coisa, não falava, não interagia, difícil de conhecer, mas, ao mesmo tempo, o próprio relato nos revela indícios de uma imagem em construção, a de uma criança que antes não fazia nada e agora faz algumas coisas, como utilizar o escorregador e permanecer na sala de aula. Os indícios da construção de uma nova imagem da criança com Autismo, daquela que não faz nada para a de quem pode vir a fazer, também constrói uma nova imagem de ser professora da criança com Autismo, uma imagem de quem "não foi preparada para trabalhar com esse sujeito", para uma imagem de quem pode investir, apostar e acreditar que tem muito a contribuir para o desenvolvimento dessa criança.

"Nós nos tornamos nós mesmos através dos outros" (VIGOTSKI, 1983). Daniel constituía as professoras ao mesmo tempo em que era constituído por elas. O encontro entre sujeitos, professoras e criança com Autismo precisava ser potencializado para que a relação estabelecida possibilitasse tanto o desenvolvimento da criança quanto a constituição das próprias professoras. Como indica Fontana (2005, p. 161),

> o trabalho pedagógico não é produzido única e exclusivamente pela professora que ensina, nem tampouco pela criança que aprende. O ensinar e aprender são produzidos na relação entre alunos e professora. Um se constitui em relação ao outro.

Nesse processo de constituição mútua entre aquele que ensina e aquele que aprende, o investimento nas possibilidades de desenvolvimento de Daniel implicava a aposta no fazer pedagógico das professoras como mediadoras, que, de modo intencional, sistemático e planejado, poderiam ampliar as possibilidades de interação do sujeito com o mundo.

No CMEI, onde a pesquisa foi realizada, criaram-se condições para o estabelecimento de uma prática educativa que permitisse a inclusão de Daniel. De acordo com a política municipal de educação inclusiva, foi contratado pela Seme um profissional, professora colaboradora de ações inclusivas, para articular o processo de inclusão de Daniel com o trabalho realizado pela professora regente com a turma.

Assim, com a chegada da professora colaboradora de ações inclusivas, Alice, e o início do estudo, foi possível garantir, em vários momentos, outro profissional trabalhando com as professoras e a turma. A atuação de dois profissionais disparou um movimento de investir em práticas que colocassem Daniel em interação com as ações do grupo para conhecermos suas possibilidades de atuação e as nossas de intervenção.

Desse modo, como nos aponta Vasques (2011, p. 11), era fundamental mudar o foco da criança com Autismo, "[...] para o professor, o outro que lê, interpreta e constrói possibilidades, implicando-o na construção de uma perspectiva". Durante o estudo de campo, essa mudança de foco também ocorreu, levando ao trabalho colaborativo, à intervenção junto ao aluno e às professoras, em uma tentativa de conhecer Daniel e identificar o que nós poderíamos oferecer a ele nos espaços e tempos do CMEI como meio de ampliar sua interação com o espaço escolar.

Em nossas discussões, algumas mais demoradas e outras muito breves, realizadas no início ou final do dia de trabalho com as crianças, nós, pesquisadora e professoras, fomos percebendo que, em uma roda, na espera para escovação, em uma fila, em uma brincadeira, tinha de ter a presença de um profissional com Daniel, indicando o que o grupo estava fazendo e orientando os modos de participação dele na situação. As constatações de que ele não atendia quando era chamado, não ficava com o grupo em momentos como a roda, não pintava, não se expressava, não fazia nada sozinho precisavam se tornar inquietações no sentido de investir em ações voltadas para ele vir a praticar essas ações.

Daniel não realizava as ações propostas porque não sabia o que era para fazer nas inúmeras situações. Era preciso ensiná-lo a entrar na fila, a sentar no chão, a atender quando chamado, a riscar o papel, a lavar as mãos, a beber água, a escovar os dentes, a brincar com outras crianças. Era necessário mediar a relação dele com a situação em um fazer para e com ele. Era preciso vivenciar com ele as situações para que pudéssemos nelas conhecer as possibilidades de intervenção com ele.

O relato, a seguir, exemplifica como se iniciou o movimento de inserir Daniel nas situações do grupo.

A professora regente não foi ao CMEI devido a problemas de doença. A pedagoga Lia nos pede, pesquisadora e professora colaboradora, para assumirmos a turma. Alice e eu decidimos fazer uma roda com a turma para que as crianças se apresentassem, pois ainda não sabíamos os nomes de todos. Fizemos a roda na sala e, para isso, tivemos de arrastar as mesas e cadeiras para abrir espaço. Alice pede às crianças que sentem em roda, e todos vão, menos Daniel, que permanece sentado na sua cadeira. Alice vai até Daniel, eu sento na roda com o grupo e começo a cantar com eles a música "Boa-tarde, meu amigo, como vai...". Em seguida, trocamos o meu amigo pelos nomes das crianças. Daniel, da porta, olha para a roda. Alice, que está ao lado dele, percebe e diz: "Vamos lá, Daniel, participar da roda, vamos cantar", e aponta para a roda. Daniel vira de costas e fica olhando para o ventilador da outra sala. Alice diz: "Eu vou lá para a roda, venha comigo", mas ele não olha para ela nem a acompanha. Alice senta na roda, Daniel começa a olhar para a roda. Nós estávamos cantando, batendo palmas, ele ficou da porta observando, mas não se aproximou, revezava seu olhar entre a roda e os ventiladores. [...] após observar o movimento de Daniel, começo a cantar com o grupo com o nome de Daniel a música, a professora Alice vai até ele, aponta para roda e diz: "Vamos lá, Daniel" e o leva para roda, segurando sua mão. Alice senta no chão e diz: "Sente aqui, no colo da tia", e ele senta em seu colo. Ele fica olhando para as crianças na roda, a música acaba e a professora Alice diz: "Vamos cantar a música da casinha?"[9] e eles começam a cantar,

---

[9] Nessa musica, enquanto cantam, as crianças fazem gestos com as mãos e braços, que representam a casa, a árvore, passarinhos e ponte.

Alice canta a música para Daniel, fazendo os gestos para ele ver. Daniel dá umas olhadas rápidas para ela que começa a fazer os gestos com ele, segurando em seus braços (diário de campo, 11/5/2010).

O presente episódio descreve as tentativas da professora Alice em chamar a atenção de Daniel para a roda e inseri-lo na atividade. Enquanto a pesquisadora conduzia as demais crianças da turma na roda, Alice intervinha com Daniel, para que ele se sentasse e se aproximasse do grupo. A professora apontava para a roda mostrando o que estava acontecendo, instigando sua participação na situação, de modo voluntário. Quando Alice consegue que Daniel se sente na roda, ela canta e faz os gestos da música para ele e, em seguida, faz os gestos com ele segurando em seu braço.

As possibilidades de participação de Daniel nas situações com a turma estavam diretamente relacionadas com os modos como nos inseríamos com ele nas situações, o que implicava investir em ações para que Daniel realizasse as atividades, favorecendo à criança com Autismo novas/outras formas de se perceber e se constituir no grupo.

Planejar e sistematizar as possibilidades de ação com Daniel era, como nos aponta Góes (1993), refletir sobre o nosso fazer pedagógico, levantando hipóteses de ações a partir de um referencial desejado: ter uma referência do que era preciso oferecer a Daniel para que ele compartilhasse os modos de ser, estar, interagir no espaço do CMEI, experimentar possibilidades de ações a partir de projeções futuras, potencializando nossas formas de agir.

Desse modo, Góes (1993, p. 4) nos indica que é necessário substituir a prescrição (com uma ação X do outro, o sujeito fará Y) para uma disposição de explorar, criar hipóteses, uma visão prospectiva, ou seja, "[...] antecipar cenários, escolher entre as possibilidades e nelas investir".

Inicialmente, o processo de inserir Daniel nas situações foi um investimento nas possibilidades das professoras de intervir com ele a partir do trabalho que desenvolviam com o grupo, rompendo com a ideia de que não tinham muito para oferecer à criança com Autismo. Para isso, foi preciso, em um primeiro momento, a intervenção da pesquisadora diretamente com Daniel nas situações, realizando mediações no fazer pedagógico das professoras. Foi necessário fazer para as professoras, mostrar as possibilidades de ação e as necessidades de intervenção, como entrar nas situações de brincadeira com ele, o fazer com/para o aluno e não fazer por ele, interpretar as ações de Daniel, verbalizando para ele as interpretações, significando suas ações no contexto interativo.

Daniel se constituía no espaço escolar ao mesmo tempo em que constituía cada uma de nós, pesquisadora e professoras. As mediações foram se construindo no dia a dia, em cada tentativa nossa de nos aproximarmos dele, de colocá-lo nas situações. Aos poucos, cada ação realizada pelas professoras e pesquisadora, em conjunto, se constituíam em uma aposta nas possibilidades de participação de Daniel. Foi se fortalecendo a ideia de que os avanços de Daniel estavam diretamente relacionados com o modo como investíamos nesses avanços, no nosso agir, supondo as possibilidades de desenvolvimento dele no grupo, construindo com ele e a partir dele as mediações, o fazer pedagógico.

As possibilidades de mediação com Daniel foram construídas nas reflexões das ações realizadas, no levantamento de hipóteses e na sistematização de novas/outras ações. Esse movimento não foi linear nem desprovido de contradições. Muitas vezes, as expectativas e projeções de desenvolvimento das professoras se baseavam predominantemente no processo de alfabetização, enfatizado no trabalho que realizavam com as crianças, o que demandava retomar os percursos de Daniel, desde seu início no CMEI, como um meio de refletir sobre os avanços e retrocessos dele em cada situação específica e, a partir disso, traçar novas projeções.

Assim, como salienta Fontana (2005), professora e criança constituem-se reciprocamente na dinâmica interativa tecida no espaço escolar. O que é planejado vai sendo redimensionado no encontro com Daniel, o que implica olhar de uma outra maneira para o vivido, de modo que não se estanque o movimento das possibilidades de sentidos em jogo.

Foi preciso pontuar para as professoras que as ações desenvolvidas com Daniel, embora, naquele momento, não focassem o aprendizado das letras e dos números, favoreciam o desenvolvimento dos processos cognitivos dele a partir dos modos como possibilitávamos sua participação e apropriação dos tempos e espaços do CMEI. Portanto, a maneira de diminuir as angústias das professoras em relação ao desenvolvimento de Daniel era, nos momentos de planejamento, falar das dificuldades, refletir sobre elas e anunciar possibilidades, como na situação a seguir:

Iniciamos o momento de planejamento com o desabafo da professora Estela: "Estou muito angustiada, ainda não sei como intervir com Daniel nas situações... sabe? É difícil. Eu não consigo saber o que ele sente, se ele está gostando do que estou fazendo. É muito difícil interagir com ele". Alice interrompe a fala de Estela dizendo: "Repare mais, eu já consigo perceber quando ele está gostando ou não, repara só, quando ele gosta, ele fica mais observador, ele nos olha mais; sorri, quando ele não quer fazer mais ou não gosta, ele nos empurra, se afasta, fica olhando para os ventiladores... fica mais distante de nós". Sugeri às professoras que, durante as intervenções, nos voltássemos para os meios pelos quais Daniel se expressa, observando o que suas ações queriam nos dizer, mas que, para isso, tínhamos que verbalizar para ele o que/como entendíamos/interpretávamos suas ações. Se ele se afastasse, era para perguntar: "Você não está gostando, não quer mais fazer?". Ao mesmo tempo, colocar para ele o que era preciso fazer naquele momento, indicando o que sua turma estava fazendo (diário de campo, 7/6/2010).

Os momentos de planejamentos serviram para ajustar projeções, definir objetivos comuns e dar unidade às ações, em um pensar sobre a criança, suas formas de se manifestar e interagir, para um agir intencional, no sentido de provocar desenvolvimento a partir das vivências de Daniel nos tempos e espaços do CMEI e nas aprendizagens que lhes eram possibilitadas.

Orientar as nossas ações para aquilo que Daniel poderia vir a fazer não era determinar quando ele faria. Assim, como nos aponta Freitas (2001, p. 115), "[...] podemos tecer considerações de um ponto de vista de desenvolvimento, entendido como movimento, como prospectivo. Mas não podemos afirmar ou garantir, a cada momento, qual será o futuro de certas capacidades".

Ampliar o olhar para Daniel, tirar o foco do Autismo para perceber a criança, o sujeito em constituição, era focalizar o papel do professor como outro que se coloca intencionalmente como mediador da relação dessa criança com o meio e com as demais crianças. Mostrar que sua turma estava fazendo algo e indicar que ele deveria estar com o grupo foi o início do processo, acompanhado de ações que implicavam nos colocarmos com ele na situação, uma vez que, sozinho, ele "fugia" delas, o que nos permitiria conhecer mais Daniel.

Adultos e crianças participam da inserção de Daniel nos diferentes espaços e tempos da educação infantil

Daniel precisava ampliar suas experiências nos espaços e tempos do CMEI, vivenciar e compartilhar as situações com/no grupo, aprender com/no grupo e se desenvolver como parte desse grupo, a partir da inter-relação com os outros sujeitos, o que possibilita a criança se constituir como ser social.

Fazer parte de um grupo, vivenciar a coletividade, está na origem do desenvolvimento da própria conduta da criança. Em seu grupo, ou seja, na coletividade, a criança (re)elabora os processos de subordinação de suas próprias ações às regras de condutas do grupo, envolvendo os processos volitivos. O compartilhamento das ações no grupo pela criança dá origem a uma forma de conduta completamente nova que, por sua vez, produz transformações no funcionamento mental da criança. (VIGOTSKI,1997)

As mediações que aconteceram durante o trabalho realizado tiveram o objetivo de possibilitar a Daniel novos/outros modos de participação na dinâmica escolar, a partir de sua inserção nas situações coletivas. Os eixos analisados descreverão as mediações que aconteceram no processo interativo com Daniel, o que foi possibilitado a ele em seus modos de interagir com pessoas e objetos para participar das situações.

Os dados apresentados foram coletados a partir do registro no diário de campo, fotografias, videogravações, entrevistas e documentos. As análises se constituíram, inicialmente, com o registro amplo e reflexivo das anotações do diário de campo, catalogação das fotografias por data e situação interativa, transcrição dos vídeos e entrevistas e análises documentais.

Nossa tentativa é, assim, descrever a mediação pedagógica, o modo como Daniel se constitui como sujeito no/do espaço escolar, reconhecendo-se nesse espaço e se constituindo em um espaço com modos específicos de ser, de interagir, de se comportar e de compartilhar os sentidos produzidos nesse contexto, ao mesmo tempo em que produz novos sentidos nesse meio.

As ações do nosso estudo se voltaram para o movimento de, no espaço escolar, permitir ao professor se perceber como o outro que potencializa o desenvolvimento da criança com Autismo, assumindo seu papel de mediador, envolvendo

Daniel nas situações cotidianas, buscando ali onde o organismo aponta para impossibilidades, as possibilidades de desenvolvimento cultural. (VIGOTSKI, 1983)

A criança com Autismo necessita de um maior investimento do outro nos processos interativos que possibilitam sua inserção e vivência cultural (MARTINS, 2009; VASQUES, 2011). Portanto, no trabalho pedagógico com essa criança, é fundamental conhecê-la e o grupo em que está inserida, ter tempo e dar-se tempo para levantar hipóteses, questionamentos, substituindo a prescrição por uma disposição exploratória. (GÓES, 1993)

As intervenções com a criança com Autismo tinham como objetivo/projeção o desejo de que interagisse mais com os outros, estabelecesse alguma interação com os adultos e as crianças, olhasse para nós, participasse das movimentações no espaço escolar, fizesse parte do grupo e se percebesse no grupo. Nossas ações – professoras e pesquisadora – inicialmente se voltaram para o processo de chamar a atenção de Daniel para o que acontecia à sua volta, as movimentações da turma, ao mesmo tempo em que tentávamos inseri-lo nas situações coletivas (no movimento).

Para descrever e analisar as diferentes possibilidades de mediação construídas no processo de inserir Daniel no grupo, abordaremos os movimentos realizados a partir de dois subitens: conduzindo Daniel pelos diferentes espaços; e orientando Daniel nos diferentes espaços e tempos.

A abordagem dos processos terá como base de análise os modos de participação dos outros (professoras, pesquisadora e demais crianças) no processo de significação das situações para Daniel, e os indícios de compartilhamento de sentidos por Daniel em seus modos de participação nas situações, nos diferentes tempos e espaços do CMEI.

Inserindo Daniel nos diferentes espaços e tempos

Possibilitar à criança com Autismo a vivência das diferentes situações que acontecem no espaço e tempo escolar é inseri-la no meio cultural, proporcionando, na experiência das ações/atividades coletivas, o desenvolvimento das funções psicológicas superiores, como a atenção, a memória, o intelecto, a percepção, entre outras, que favoreçam, também, o desenvolvimento dos processos volitivos. De acordo com Vigotski (1997), a capacidade de a criança guiar sua própria conduta, controlando ações impulsivas, deve-se à sua vontade de submeter sua conduta às regras coletivas, ou seja, coordenar suas ações com a atividade de seus companheiros.

Dessa forma, em nossa participação inicial, levamos Daniel para as situações coletivas, uma vez que ele se afastava do grupo, ficava fora da situação, andava de um lado para outro balançando as mãos, buscava pelos ventiladores, ficava alheio ao que acontecia com o grupo.

Nas situações coletivas, era difícil para a professora sozinha orientar e conduzir o grupo ao mesmo tempo em que chamava a atenção de Daniel. A presença de dois profissionais garantia alguém acompanhando e orientando Daniel para que ele se aproximasse de onde o grupo estivesse, sentasse e participasse da situação, enquanto a professora conduzia a turma, como no episódio a seguir:

No pátio interno, a professora Estela faz uma roda com os alunos, todos se sentam, menos Daniel que caminha em direção à grade como se não tivesse percebido a movimentação de sua turma para fazer a roda. Eu me aproximo de Daniel e digo: "Venha sentar na roda, Daniel". Seguro em sua mão e o levo até a roda. Sento-me na roda e digo: "Sente aqui comigo, venha" (estendo os braços e faço o gesto de chamar). Daniel se aproxima e senta em meu colo. Estela começa a mostrar as fichas dos nomes, uma ficha de cada vez, e perguntar para os alunos de quem é a ficha [...].

Daniel, sentado no meu colo, pouco olhava para a roda, olhava para o ventilador da dispensa, eu tentava chamar a atenção dele para o que acontecia na roda, apontava para a professora e dizia: "Vamos ver de quem será a ficha", e para os colegas "Olhe, Daniel, os colegas sentados na roda". Estela mostrava as fichas para Daniel, depois que mostrava para o grupo, apontava para a criança repetindo seu nome, Daniel fazia um movimento de olhar rapidamente para a professora enquanto ele falava, em seguida, ele abaixava a cabeça, balançava as mãos e logo voltava a olhar para a dispensa (diário de campo, 26/5/2010).

O movimento descrito no episódio foi para que Daniel se aproximasse da situação, estivesse com o grupo, vivenciando, interagindo com toda a sua singularidade. Ao convidá-lo para se sentar na roda, a pesquisadora rompe com o afastamento de Daniel e o leva para a atividade com sua turma. Senta-se com ele e indica para ele o que está acontecendo, aponta como as demais crianças se comportam, em uma tentativa de aproximá-lo e chamar a sua atenção para a atividade em que a turma estava envolvida.

Era fundamental estarmos com Daniel nas diversas situações, no sentido de possibilitar-lhe não perder o foco das atividades propostas e de auxiliá-lo na percepção do grupo e de si próprio como um membro daquela turma. Era preciso chamar a atenção dele para o que acontecia à sua volta, mostrando a movimentação do grupo na situação e indicando o que era esperado que ele fizesse, como parte daquele grupo. Assim, nas próprias situações, experimentávamos as possibilidades e os limites do fazer pedagógico, em um estar/fazer junto, intervindo para que ele não se afastasse e se percebesse no grupo.

Acreditamos, com base na perspectiva histórico-cultural, que o modo como os processos perceptivos se desenvolvem na criança está atrelado às experiências vivenciadas na mediação do outro que evocam a atenção, a memória e a vontade.

Diversas foram as situações em que interviemos no sentido de possibilitar a Daniel outro modo de perceber e interagir com os outros, com as atividades e os objetos nos diferentes espaços e tempos do CMEI. Para essa reflexão, elegemos situações observadas nos momentos de escovação de dentes, uma das rotinas do CMEI, por ter sido possível registrar uma sequência de mediações que foram significativas de forma que se permita seu envolvimento nas atividades educativas, um nível maior de interação com as outras crianças e adultos, enfim, indícios do compartilhamento de sentidos em relação aos tempos e espaços do CMEI.

No trabalho de mediação realizado no momento de escovação, orientávamos Daniel para a organização do grupo. Inicialmente, tínhamos de segurar em sua mão, falar com ele sobre o que estava acontecendo e o que era esperado dele, indicando verbalmente as situações e realizando com ele as ações necessárias, como acompanhar o grupo e sentar no chão para esperar a vez.

O sentar no chão era uma situação recorrente em diferentes momentos, como a roda, as brincadeiras no pátio interno, a contação de história, e demandou uma intervenção semelhante em todos os momentos. No processo de levar Daniel a sentar no chão com o grupo, conversávamos com ele sobre o que seria realizado, explicitando por que ele deveria se sentar. Apontávamos para a professora que direcionava o grupo, para as demais crianças, sentávamos com o grupo e chamávamos Daniel para sentar conosco, inicialmente ele se sentava em nosso colo. Aos poucos, fomos retirando Daniel do colo, sentávamos ao seu lado para que ele estivesse na situação como as demais crianças. No início, ele não atendia às solicitações feitas de imediato, parecia não compreendê-las. Nossas palavras e ações pareciam não fazer sentido para ele, como na situação a seguir:

A professora Raquel chama as crianças para escovação[10] dizendo: "Pessoal, vamos sentar aqui no corredor que vou entregar as escovas de dente". Os alunos se levantam e saem da sala. Aproximo-me de Daniel, que permanece em sala sentado em seu lugar, e digo: "Vamos lá fora esperar para escovar os dentes, a Raquel está chamando, venha". Daniel permanece sentado, Raquel se aproxima, estende o braço na direção dele e diz: "Venha com a tia para você escovar os dentes" e o leva de mãos dadas para o corredor. Raquel organiza o grupo dizendo: "Os meninos sentam de um lado e as meninas de outro" e vai levando Daniel que ainda está de mãos dadas com ela para sentar com os meninos. Daniel resiste e não senta no chão, Raquel solta a mão de Daniel para resolver um conflito entre duas crianças. Quando termina, senta e começa a entregar as escovas de dente. Aproximo-me de Daniel e digo: "Venha sentar aqui com os colegas para esperar a Raquel lhe entregar sua escova de dente". Ele não me olha, e eu digo: "Daniel, estou falando com você, vamos sentar para esperar". Seguro em sua mão, ele me olha rapidamente, eu me sento no chão e digo: "Sente aqui do meu lado Daniel, venha". Ele não senta, começo a mostrar para ele que todos estavam sentados dizendo: "Olhe, Daniel, todos os colegas estão sentados para esperar a Raquel entregar a escova de dente, venha sentar aqui comigo, venha esperar aqui a sua escova", mas ele não sentou. Então continuei: "Sente, eu o ajudo" e fui colocando ele sentado no chão, abaixando-me junto com ele. Ele senta no chão e eu sento ao seu lado (diário de campo, 31/5/2010).

O episódio ilustra o modo como tentávamos inserir Daniel nas situações, primeiramente nos aproximando dele, verbalizando o que era para ser feito, indicando o que esperávamos dele: se era para sentar no chão e esperar ser chamado, ele tinha, assim como as demais crianças, de sentar e esperar.

---

[10] O momento de organização para a escovação era sempre realizado fora da sala de aula, no pátio interno ou no corredor, pois, nesse momento, era realizada a limpeza da sala após o lanche.

Ajudar Daniel a fazer o que era preciso, mostrando, indicando, fazendo com ele o que deveria ser feito era o meio de apostar em um aprendizado orientado prospectivamente, a partir de projeções futuras, pois, de acordo com Vigotski (2005, p. 130),

> [...] o único tipo de aprendizado é aquele que caminha à frente do desenvolvimento, servindo-lhe de guia: deve voltar-se não tanto para as funções já maduras, mas principalmente para as funções em amadurecimento. [...] o aprendizado deve ser orientado para o futuro, e não para o passado.

Assim, na medida em que aproximávamos Daniel das situações, novos questionamentos surgiam em relação aos modos de participação dele nas situações. Por exemplo, em uma situação como a de espera para a escovação de dentes, como no episódio anterior, ele precisava sentar, esperar ser chamado, receber sua escova, ir ao banheiro, escovar os dentes, retornar para o local de espera e entregar a sua escova para a professora. Essa era a sequência das ações já compartilhadas entre a professora e as outras crianças. Com o enunciado da professora: "Vamos escovar os dentes", eram disparados nas crianças todos os procedimentos que deveriam realizar, ou seja, elas já sabiam o que era esperado delas e agiam conforme o solicitado. Contudo, Daniel ainda não compartilhava sentidos já estabilizados entre a professora e as outras crianças no que se referia a alguns acordos para que o trabalho educativo pudesse ter andamento no espaço do CMEI. Era necessário "orientar o aprendizado para o futuro", criar condições para a emergência de novos/outros sentidos para Daniel e com ele no contexto da turma.

As intervenções com Daniel no episódio descrito anteriormente não se encerraram no momento em que ele se sentou no chão. A partir daí surgiram novas possibilidades de mediações, como relatado a seguir:

Com Daniel sentado ao meu lado, começo a dizer: "Olhe lá, Daniel, para a Raquel, ela está chamando os colegas para pegar a escova de dente, vamos esperar aqui até ela chamá-lo". Enquanto eu falava, Daniel não me olhou, mas olhou rapidamente para Raquel, que, ao perceber que o aluno olhou para ela, imediatamente o chamou: "Daniel, venha aqui pegar sua escova com a tia". Ele não se levanta. Eu me levanto e digo: "Vamos lá pegar sua escova, venha" (estendo meu braço em sua direção). Ele não se levanta. Raquel se aproxima e diz: "Tome aqui sua escova, vá lá no banheiro com a tia Fernanda escovar os dentes". Ele se levanta e Raquel coloca a escova na mão dele dizendo: "Segure sua escova", e ele pega a escova. Eu digo: "Vamos escovar os dentes no banheiro?". Vou com ele para o banheiro. Daniel coloca a escova na boca, mas não faz o movimento de escovação. Tinha outra criança escovando os dentes e pedi a ela que mostrasse para Daniel como escovava seus dentes. Comecei a falar: "Olhe, Daniel, como o José escova os dentes, escove o seu também". Ele olhou para José, mas logo desviou o olhar e foi em direção à pia. Falei com Daniel: "Vou ajudá-lo a escovar os dentes". Segurei a escova junto com sua mão e, de frente para o espelho, fazia o movimento de escovação dizendo: "Olhe lá, nós estamos escovando seus dentes", e ele olhava para o espelho. Eu soltava a mão dele, para ele dar continuidade ao movimento, mas ele não dava. Terminamos a escovação, abri a torneira e o ajudei a lavar a boca mostrando para ele como se faz a concha com a mão para pegar água; com minha mão por baixo da dele, eu mostrava como ele deveria fazer com a mão dizendo: "Precisa fazer assim ó, a mão não pode ficar aberta, senão a água escorre. Precisa juntar os dedos". Fui fazendo o gesto junto com ele, com minha mão por baixo da dele e pegando água na mão dele e levando até a boca. Acabamos a escovação e voltamos para o corredor. Daniel segurava sua escova de dente, e eu falava: "Agora vamos lá entregar a escova para Raquel guardar". Fomos até a professora, e ele ficou parado diante dela, que pegou a escova da mão dele e disse: "Obrigada Daniel", ele abaixou a cabeça. Raquel pegou na mão dele e disse para o grupo: "Uma fila aqui, *atrás do Daniel, para a gente ir para o parquinho"* (diário de campo, 31/5/2010).

As vivências das situações coletivas era o meio de possibilitar a Daniel com/no grupo compartilhar os acordos já estabelecidos com as crianças e as "regras" que perpassavam cada uma das atividades educativas propostas, ou seja, o que era esperado dele e de cada criança em uma situação.

Portanto, na situação descrita, era preciso não apenas escovar os dentes de Daniel por ele, mas possibilitar-lhe a apropriação de uma sequência de ações que lhe permitiriam executar essa tarefa sozinho. Era necessário propiciar condições para uma reorganização da atenção, de involuntária para voluntária, para que as experiências vivenciadas favorecessem a reconstrução da memória e, de forma mais ampla, do pensamento, transpondo as vivências de uma situação à outra similar, de forma que possa subordiná-lo à vontade e permitir a Daniel a inserção na dinâmica educativa produzida com a turma.

Propiciar condições para um nível maior de organização do pensamento de Daniel a partir das ações realizadas com ele nos remete a Vigotski (2005, p. 187), quando destaca que "[...] o pensamento propriamente dito é gerado pela motivação, isto é, por nossos desejos e necessidades, nossos interesses e emoções. Por trás de cada pensamento há uma tendência afetivo-volitiva".

No desenvolvimento dos processos de autorregulação, não podemos desconsiderar os aspectos afetivo-volitivos, pois, de acordo com Vigotski (2004), os processos volitivos têm sua origem no social, no coletivo, em um plano interpsicológico. Inicialmente, é a outra pessoa que chama e dirige a atenção da criança para aquilo que ela mostra (um ordena... e o outro cumpre), até que a própria criança passa a dirigir sua atenção ordenando a si mesma, transformando as funções sociais em individuais.

Dessa forma, no episódio descrito, a pesquisadora, inicialmente, chama a atenção de Daniel para a situação, e ao mesmo tempo, indica o que espera dele ao dizer: *"Olhe lá, Daniel, para a Raquel, ela está chamando os colegas para pegar a escova de dente. Vamos esperar aqui até ela chamá-lo"*. O olhar breve de Daniel é percebido pela professora, que o chama para pegar a escova de dente. Como ele não vai em direção à professora, Raquel vai até ele e entrega-lhe a escova, enunciando o que espera dele: *"Tome aqui sua escova, vá lá ao banheiro com a tia Fernanda escovar os dentes"*. Daniel não escova os dentes, apenas coloca a escova na boca. Era preciso ensinar-lhe escovar, não apenas escovar por ele. A pesquisadora pede a outra criança que mostre a Daniel como ela escova os dentes, na tentativa de motivá-lo a imitar. Como ele desvia o olhar da criança que escova os dentes, a pesquisadora investe na ação conjunta dizendo: *"Vou ajudá-lo [...]"*. Segura com ele a escova, coloca-o de frente ao espelho, realiza com ele os movimentos de escovação, indicando para ele olhar no espelho o que faziam juntos. Ao final, ela mostra como ele podia lavar a boca, fazendo novamente com ele, mostrando como se pega a água com a mão. Quando retornam, a pesquisadora leva Daniel até a professora para ele entregar a escova. Ele não faz a entrega, mas a professora recebe a escova, pegando da mão dele e agradecendo, atribuindo um significado à sua ação de se aproximar dela com a escova após a escovação de dentes.

Indicar para ele como se faz, fazer com ele, constituía-se em um processo dialógico, no qual as ações eram enunciadas em nossas palavras, ao mesmo tempo em que eram realizadas em conjunto com Daniel. Tínhamos, como mediadoras, que nos colocar como motor do envolvimento de Daniel nas situações, evocando sua vontade, sua memória para a organização do pensamento em suas ações.

Orientar as ações de Daniel falando com ele sobre o que se esperava dele foi a maneira de ampliar a sua inserção no campo das significações, oferecendo-lhe a experiência do diálogo, no processo de atribuir sentido aos espaços e tempos do CMEI. Embora Daniel não falasse, nossas interações verbais eram fundamentais para o desenvolvimento dos significados das palavras no contato social dele com os objetos e com outras pessoas.

Nossas intervenções tinham de orientar as ações de Daniel, com/no grupo, de modo que se favorecesse a experiência coletiva de colaboração e interação com os que estão à sua volta (adultos e crianças) no espaço escolar.

Assim, como Padilha (2007) nos aponta, as ações com Daniel não se tratavam de ações por si, ou seja, escovar os dentes por escovar os dentes, sentar na roda por sentar na roda, brincar por brincar, mas de uma inserção cultural, o pertencimento a um grupo social (uma coletividade), aprendendo na coletividade as regras de convivência e os modos de agir.

> Apresenta-se, portanto, para os membros de uma comunidade, um sistema de normas a serem cumpridas em determinados tempos e espaços – tempos e lugares sociais. Trata, na realidade, de utilização dessas formas normativas, "em um dado contexto concreto". (PADILHA, 2007, p. 117)

Para que Daniel participasse das situações, foi preciso entrar, permanecer e participar com ele, em um processo de fazer para/com ele. Nossa intenção, como mediadoras, era orientar as ações da criança com Autismo para que ela se percebesse e se organizasse no espaço e tempo escolar, para que pudesse vir a participar de modo mais voluntário dos movimentos que aconteciam no CMEI. "O sujeito aparece nas práticas sociais e discursivas e aí aparecem seus gestos, sua atenção, sua memória, seus desejos, o controle de sua vontade." (PADILHA, 2000, p. 209)

No processo de desenvolvimento da criança com Autismo no espaço e tempo da educação infantil, tomamos a premissa de Vigotski (1997) de que o objetivo da escola não deve ser o adaptar-se ao defeito/deficiência, mas superá-lo, o que implica o desenvolvimento cultural da criança.

Assim, Daniel precisava envolver-se na cultura escolar, em um processo de compartilhamento de sentidos que implica "[...] desenvolver a consciência de si para que seja possível expressá-la nos movimentos do corpo, ao mesmo tempo em que os movimentos do corpo ajudam a tomar a consciência de si". (PADILHA, 2007, p. 116)

Vigotski (2000) indica que o desenvolvimento cultural da criança transforma suas funções psicológicas na direção do plano interpsicológico para o intrapsicológico, do outro para si. A atenção voluntária, a memória e a vontade se desenvolvem como efeito das relações sociais, na internalização dos significados dessas relações, a partir dos quais a criança orienta e regula o seu modo de agir.

Favorecer o desenvolvimento cultural de Daniel era investir na sua participação nas situações, evocando sua atenção ao espaço escolar, às movimentações que ali aconteciam, tornando-o "presente" nas atividades como parte de um grupo. Para que Daniel se percebesse no grupo, como parte dele, primeiro ele tinha de ser percebido pelo grupo, por seus outros adultos e crianças como parte que constitui a turma e é constituído por ela. A preocupação com a inserção e a participação de Daniel nas diversas situações educativas partiu primeiro do adulto, de seu outro, que investia para que Daniel estivesse presente, chamando a atenção dele para o que acontecia, orientando seu olhar, suas ações e gestos, em um processo de ressignificação de seu modo de ser e de estar naquela turma e em uma perspectiva mais ampla no CMEI, permitindo sua participação singular nos movimentos dessa turma para que ele pudesse se reconhecer e se constituir como parte do grupo, ampliando as possibilidades de relações com os adultos e as crianças do grupo.

Orientando Daniel nos diferentes espaços e tempos: a colaboração de outras crianças

Nas práticas educativas da turma de quatro anos, nesse CMEI, estava estabelecida com as professoras a organização em fila para o deslocamento do grupo entre os diferentes espaços, um movimento que se repetia algumas vezes no tempo escolar. Daniel não compartilhava dessa organização com o grupo. No início, quando as professoras solicitavam à turma para fazer a fila, as crianças corriam em sua direção, porém ele permanecia onde estava. De acordo com os relatos das professoras Estela e Raquel, Daniel não acompanhava essa movimentação do grupo. Se elas não fossem buscá-lo, ele permanecia sozinho, na sala, no parquinho, no pátio interno, como ilustra a situação a seguir:

A professora Estela chama os alunos para lavar as mãos para lanchar e diz: "As meninas fazem a fila aqui". Da porta da sala ela diz: "Agora vêm os meninos". Os meninos vão, Daniel continua sentado, a professora chama: "Venha, Daniel, lavar as mão para merendar". Ele não se levanta. Estela caminha em direção à mesa onde ele está sentado, estende os braços, faz o gesto com a mão e diz: "Venha, Daniel, venha lavar as mãos". Ela segura na mão dele que se levanta e acompanha a professora. Com uma mão, ela leva Daniel, com a outra, a fila com o grupo (diário de campo, 25/5/2010).

Na situação, a professora Estela vai até Daniel para que ele não fique para trás e segura a mão dele para que ele não saia da situação. A mediação da professora não tinha o objetivo de orientar a criança para o que ela deveria fazer, focava apenas não deixar Daniel para trás, ou fugir da situação para ficar correndo. Em um primeiro momento, esse procedimento foi importante, mas, para que deixasse de ser uma ação com um fim em si mesma, era preciso ir além. Eram necessários novos procedimentos que apontassem uma projeção para aquilo que Daniel poderia vir a realizar sozinho a partir do compartilhamento de sentidos.

As intervenções com Daniel nessas situações tinham de possibilitar a ele perceber a movimentação do grupo e se perceber como parte do grupo, participando dessa organização de modo mais voluntário e menos dependente da ação do outro. Para que ele acompanhasse o grupo na organização em fila e no deslocamento entre os espaços, demos continuidade às ações já realizadas pelas professoras Estela e Raquel, como chamá-lo, buscá-lo ou pedir a um dos colegas que o buscasse. Nesse processo, ele teria de participar da fila com o grupo, não mais acompanhar a movimentação de mãos dadas com a professora, ou com o colega que o guiava, fora da fila, fora do grupo.

A participação das demais crianças nesse processo foi fundamental, pois possibilitava a interação entre elas e Daniel, a mediação entre pares. As crianças foram se envolvendo no processo de auxiliá-lo a participar das situações a partir do pedido de ajuda do adulto. Primeiro, quando as professoras estavam sozinhas, elas pediam que uma das crianças buscasse Daniel, para não ter de deixar a turma. Depois, de maneira intencional, foi iniciado o movimento de colocar Daniel com os pares e com eles compartilhar os modos singulares de fazer fila e circular pelos espaços, momento que não implicava apenas uma criança se deslocar atrás da outra: estar na fila envolvia para as crianças possibilidades de brincadeiras, conversas, trocas de lugares, ações infantis que não poderiam ser apreendidas com o adulto.

Conforme as crianças eram envolvidas na situação para "ajudar" Daniel, elas assumiam o papel do adulto como na situação a seguir:

Estela, da porta, chama as crianças: "Vamos fazer a fila para lavar as mãos para lanchar". Elas vão para fila, Daniel não se levanta, Estela chama: "Venha, Daniel, lavar as mãos". Ele olha para ela e ela diz fazendo o gesto: "Venha". Daniel não se levanta. Estela se aproxima da mesa dele e diz, fazendo o gesto de chamar: "Venha, Daniel, para a fila". Ele se levanta e dá a mão para a professora que o leva para fila e o coloca na frente de Paulo dizendo: "Paulo, você ajuda Daniel a lavar as mãos", Paulo segura a mão de Daniel e o leva na fila. No momento de lavar as mãos, Paulo abre uma torneira para Daniel e outra para ele e diz: "Lave sua mão assim Daniel, olhe como eu lavo". Em seguida, Paulo lava as mãos de Daniel e o leva de volta para a sala (diário de campo, 9/6/2010).

Conforme Daniel era colocado na fila com o grupo, as demais crianças começavam a interagir com ele, a percebê-lo como parte do grupo que, assim como elas, também deveria fazer a fila, constituindo-se como o outro que orienta e regula as ações da criança com Autismo.

Com o passar do tempo, as demais crianças já não esperavam o pedido das professoras para ajudar Daniel. Nas trocas de espaços, quando percebiam que ele não acompanhava a turma, sempre uma criança ia até ele e o levava para a fila, como na situação abaixo:

Depois do lanche, Raquel chama os alunos para a escovação. Eles formam a fila, eu estou ao lado de Daniel e digo: "Daniel [ele me olha], vamos lá para a fila, a tia Raquel vai levar vocês para escovar os dentes, você não vai?" e ele fica me olhando. A aluna Jaqueline se aproxima, segura na mão de Daniel e diz: "Venha, Daniel, a tia tá chamando. Venha eu levo você para a fila". Enquanto falava, ela puxava Daniel que se levantou e foi com a aluna. Na fila, ela coloca Daniel na sua frente, fica com as mãos sobre seu ombro, acompanha a fila com ele. Quando ele tenta sair da fila, ela diz: "É para ficar na fila, Daniel, aqui, na minha frente" e o leva (diário de campo, 21/6/2010).

Nessa situação, embora o adulto estivesse intervindo com Daniel, a aluna Jaqueline, ao perceber que Daniel não vai para a fila, se aproxima e enuncia para ele o que está acontecendo e o que ela vai realizar com ele. Palavras e ações se fundem ao levar Daniel para fila. Ajudar Daniel, para as crianças, representava ajudar as professoras, e assim elas foram se relacionando com ele e auxiliando-o em sua inserção nas situações educativas propostas.

Aos poucos, esse movimento de chamar Daniel para a fila e ir buscá-lo foi se intercalando com o movimento de Daniel de ir para onde o grupo estava se organizando, após a professora chamar por ele, como na situação a seguir:

Estela, na frente da sala, chama as crianças: "Pessoal, vamos fazer a fila para escovar os dentes". As crianças correm em direção à porta, mas Daniel permanece sentado, olhando para os alunos. Estela percebe o olhar de Daniel para o grupo e diz, de onde está, fazendo o gesto de chamar: "Daniel, venha escovar os dentes". Ele se levanta, caminha em direção à professora, segura em sua mão. Estela diz: "Hoje o Daniel vai ser o primeiro da fila" e conduz a fila para o pátio interno segurando a mão dele. No pátio, as crianças chegam e sentam no chão sem que a professora solicite, inclusive Daniel (diário de campo, 29/6/2010).

O auxílio na organização de Daniel na fila passou do buscá-lo para chamá-lo. No início do estudo, podíamos chamar por seu nome que ele não nos olhava, porém, nessa situação, chamamos por ele, e Daniel não apenas nos olhou como nos deu pistas de compartilhar sentidos em relação ao que esperamos dele quando dizemos algo como: "Venha para a fila, Daniel"; "Daniel, você não vai escovar os dentes?".

As situações descritas, relacionadas com a organização em fila, ilustram o percurso do desenvolvimento de processos volitivos e da atenção voluntária a partir da orientação do outro (professoras e demais crianças) que, inicialmente, precisa indicar para Daniel a movimentação, buscá-lo e permanecer com ele na fila, direcionando sua atenção para o que acontece naquela situação específica e orientando suas ações para o que é esperado dele (e dos demais) na situação.

Nas situações apresentadas, o papel regulador da linguagem pode ser destacado e "[...] deve ser entendido como de inter-regulação, sob uma concepção de um tenso entrelaçamento de condições de subordinação e partilha, de se sujeitar e se impor, no encontro do individuo com os outros". (GÓES, 2000, p. 120)

A professora dá o comando do que deve ser feito pelo grupo, e Daniel é levado a cumprir as ações no coletivo com a colaboração das professoras, da pesquisadora ou de outra criança. Aos poucos, o fazer com Daniel, por parte dos adultos e outras crianças (ser o motor de sua vontade, com ações conjuntas), é intercalado com o chamar a sua atenção (com palavras e gestos) para a movimentação do grupo e o que esperamos dele.

As situações descritas nos levam a refletir sobre a coletividade na constituição das funções psicológicas e indicam os indícios do processo de desenvolvimento dessas funções na criança com Autismo. Daniel começa a participar da fila a partir das investidas de seus mediadores, adultos ou crianças que se relacionam com ele e o colocam em contato com o meio.

Nesse processo, como indica Vigotski (2000, p.33), "[...] a pessoa não somente se desenvolve mas também constrói a si", constitui-se no conjunto das relações sociais. O grupo constitui formas especiais de regulação, interferindo no desenvolvimento da pessoa. As motivações que levam Daniel a participar ou não das situações começam a se constituir no social, nas relações que estabelece com as outras pessoas que, ao inserirem Daniel na cultura, possibilitam a essa criança transformar seus modos de atuar no meio a partir das mudanças que ocorrem nas funções psicológicas, em sua constituição como sujeito, único, singular, que pensa e age no meio social de acordo com as possibilidades de interação que esse meio oferece.

Na relação entre professora e criança, criança e criança, sentidos são compartilhados, e Daniel vai nos dando algumas pistas desse compartilhamento, quando, em alguns momentos, participa da situação de modo voluntário, como nos episódios a seguir:

No pátio interno, após os alunos guardarem os brinquedos, a professora Estela diz: "Faz a fila aqui, para ir para o parquinho". Daniel se levanta com a movimentação das crianças, fica próximo ao grupo, mas não entra na fila. Alice se aproxima dele e diz: "Na fila, Daniel, aqui" e o conduz para a fila. Estela começa a andar com a fila, e Daniel novamente sai da fila e acompanha o grupo ao lado da fila (diário de campo, 17/8/2010).

Estela, antes de iniciar as atividades do dia, diz: "Vamos fazer a fila para beber água". As crianças se levantam e vão em direção à professora que está na porta, Daniel se levanta e acompanha o grupo (diário de campo, 20/09/2010).

Os episódios descrevem a forma como Daniel foi participando de modo mais voluntário do momento de fila. Esse modo voluntário, até o final da pesquisa, era intercalado com outros momentos em que precisamos chamá-lo, ou buscá-lo.

Tínhamos de chamá-lo ou buscá-lo não apenas por seu isolamento. Aos poucos, fomos distinguindo situações em que ele não se inseria na dinâmica da turma não por desconhecer o que era esperado dele, mas porque queria fazer algo diferente do que era proposto, pela recusa de sair de uma determinada situação que, para ele, era mais prazerosa, como no episódio a seguir:

No parquinho, Daniel está em cima do minhocão com Gabriel e Luís. Estela chama: "Turminha, venha fazer a fila aqui para calçar os sapatos e lavar as mãos". Daniel olha para Estela e continua no minhocão. Gabriel o chama: "Venha Daniel". Ele desce do minhocão e corre para baixo do minhocão. Estela pede às crianças que esperem na fila. Ela se aproxima do minhocão e diz: "Venha, Daniel, acabou o momento de brincar, nós vamos calçar o sapato e voltar para a sala, venha". Ele olha para Estela e balança a cabeça fazendo o gesto de não. A professora sorri e diz olhando para a pesquisadora: "Agora veja só, ele tá fazendo não!", e continua a falar com Daniel: "Agora não podemos mais ficar no parquinho, já está quase na hora de ir embora" e se aproxima dele que sai do minhocão resmungando, emitindo vários sons (diário de campo, 2/9/2010).

Diz a professora: "Agora veja só, ele tá fazendo não!". Para nós, indícios de um momento crucial no desenvolvimento de Daniel: a percepção e a expressão do que quer e do que não quer fazer por meio de gestos e, ao que tudo indica, oralizando. Daniel não queria parar de brincar e manifestou isso em dois momentos: primeiro, quando faz um sinal de recusa balançando a cabeça e, depois, quando "sai do minhocão resmungando, emitindo vários sons". Daniel descobria, no espaço do CMEI, atividades que lhe davam prazer. Aprendia a participar adequadamente dessas atividades, constituía-se como um sujeito com vontade própria e que manifesta seus desejos. Como outras crianças, ele aprende a se envolver em atividades lúdicas, quer brincar.

Assim como várias crianças de sua turma, nas situações concretas, inicialmente com nossa ajuda, Daniel foi experimentando suas possibilidades de interação com o meio, as pessoas e os objetos. Foi se apropriando de forma singular de alguns modos de agir e se comportar nos diferentes tempo e espaços do CMEI. A mediação dos outros, professores e criança, favorece a Daniel se desenvolver e se constituir no meio social em que estão inseridos. Ele fornece indícios de apropriações significativas ao balançar a cabeça e fazer o gesto de não, para se opor a algo que não quer fazer. Daniel não estava se ausentando ou ficando para trás; ele estava se negando a parar de brincar, e seu gesto enuncia sua vontade de permanecer no parquinho.

A atitude de Daniel nos apresenta indícios do processo de desenvolvimento da vontade, de seu controle, por meio da internalização de formas culturais de comportamento que só podem ser consideradas nas condições concretas de vida da criança com Autismo, no desenvolvimento cultural dessa criança que, de acordo com Vigotski (1983), se dá tanto no domínio dos meios externos da cultura quanto no aperfeiçoamento/transformação interna de funções, como a vontade, a atenção e a memória.

Inseri-lo nas situações, levá-lo a realizar as ações de/com seu grupo, era o meio de reconhecer, organizar e dar forma ao corpo de Daniel a partir da significação do espaço/tempo escolar, que demandou, junto com o processo de se reconhecer e fazer parte de um grupo, apreender os instrumentos e signos disponíveis que lhe possibilitariam realizar as ações próprias de seu grupo social.

Mediar o contato de Daniel com as diversas situações educativas era uma tentativa de inseri-lo na cultura escolar, significar essa cultura, ao mesmo tempo em que buscávamos meios de interagir com ele nessas situações. Investir em sua participação nas atividades era uma tentativa de favorecer a essa criança se apropriar dos materiais/instrumentos para sua interação com o meio e com as outras pessoas. Esse é um processo que não se realiza pelo treino de ações e soma de hábitos, mas pela apropriação cultural que implica se perceber como sujeito em um dado espaço e realizar nesse espaço ou no tempo não só ações perpassadas por relações imediatas mas também configurações, durações e ritmos que estão na base de formas de aprendizado mais elaboradas. (WALLON, 1995)

Na ampliação do olhar para Daniel e nas apostas em

suas possibilidades de avanço no desenvolvimento, um trabalho pedagógico articulado e sistemático foi desencadeado, o qual provocou mudanças significativas também na maneira como adultos e crianças o viam e se relacionavam com ele.

O trabalho colaborativo com as professoras implicou um processo de mediação, transformando suas experiências e as da pesquisadora, na interação com Daniel e o grupo, em conhecimento. As intervenções com Daniel deixavam de ser imediatas, com um fim em si mesmas, e passavam a ter projeções futuras no desenvolvimento dele, nas nossas possibilidades de ações, na interação com as demais crianças, o que necessitava não apenas de planejar as ações, mas refletir sobre elas, avaliá-las para planejá-las novamente tornando-as intencionais e sistematizadas, elementos fundamentais da mediação pedagógica.

Brincando com Daniel

> A ação em uma situação imaginária ensina a criança a dirigir seu comportamento não somente pela percepção imediata dos objetos ou pela situação que a afeta de imediato, mas também pelo significado dessa situação. (VIGOTSKI, 2007, p. 114)

O presente capítulo abordará as mediações pedagógicas com a criança com Autismo nas situações de brincadeiras, considerando, com base na perspectiva histórico-cultural, o brincar como atividade realizada pela criança fundamental para o desenvolvimento das funções psicológicas.

Embora o brincar seja uma atividade livre da criança, não podemos considerá-lo como uma atividade natural. A brincadeira/jogo infantil tem sua origem nas experiências concretas da criança. As motivações e necessidades que levam a criança a brincar são construções culturais, que variam de acordo com o meio em que está inserida e sofrem mudanças ao longo do desenvolvimento infantil, portanto "[...] aquilo que é de grande interesse para um bebê deixa de interessar uma criança um pouco maior". (VIGOTSKI, 2007, p. 108)

Vigotski (2007) indica que o prazer não deve ser considerado como a característica que define o jogo/brincar, pois a criança fora do jogo pode experimentar situações mais prazerosas; e, ainda, no final da idade pré-escolar, a criança se depara com jogos que podem lhe causar desprazer. Suas atividades podem não ser tão agradáveis, e o que motiva a participação da criança no jogo é o resultado que considera interessante (como nos jogos de ganhar e perder), podendo o resultado lhe causar um desprazer.

Na criança pequena, o caráter desinteressado do brincar, sem a finalidade de se produzir algo concreto, permite a liberdade de ações. Na idade pré-escolar, como aponta Vigotski (2007), na brincadeira, a criança busca solucionar as tensões entre seus desejos imediatos de atuar na realidade concreta e suas reais possibilidades de atuação, criando uma forma particular de atividade como meio de lidar com essa tensão, envolvendo-se em um mundo ilusório e imaginário no qual os desejos não realizáveis podem ser realizados. Entram em cena três características fundamentais do jogo infantil, a imaginação, a imitação e a regra, que surgem a partir do desenvolvimento das funções psicológicas da criança e, ao mesmo tempo, impulsionam qualitativamente o desenvolvimento dessas funções.

Assim, ao brincar, a criança imita situações reais, como cuidar de um bebê, dirigir um carro, interpretar papéis de adulto, mas não como uma reprodução mecânica daquilo que observam, pois, ao representar situações reais em um plano imaginário, a criança emancipa-se da situação concreta, assimila suas experiências, ao mesmo em tempo que as representa de forma criativa, operando com regras e valores sociais, que, na realidade concreta, muitas vezes não seria possível operar.

A brincadeira se constitui como atividade fundamental no desenvolvimento infantil por possibilitar que, enquanto brinca, a criança, sozinha ou em interação com outras crianças/pessoas, resolva problemas, elabore hipóteses em um pensar sobre si e sua atuação no meio, favorecendo a elevação dos modos de pensamento.

Por mais livre que se pareça o jogo/brincadeira infantil, este possui uma regra que pode ser explícita, como na amarelinha, dominó etc., ou implícita como em um faz de conta. As brincadeiras são conduzidas e ordenadas por suas regras, pois é a partir delas que a criança pensa e age, ajustando-se à situação da brincadeira e favorecendo o desenvolvimento do autocontrole, comportando-se além do que é habitual para sua idade, criando uma zona de desenvolvimento proximal.

A criança, no brincar, age "[...] como se ela fosse maior do que é na realidade. Como foco de uma lente de aumento, o brinquedo contém todas as tendências do desenvolvimento sob forma condensada" (VIGOTSKI, 2007, p. 122). O brincar para o autor é uma grande fonte de desenvolvimento, pois

> fornece ampla estrutura básica para mudanças da necessidade e da consciência. A ação na esfera imaginativa, em uma situação imaginária, a criação das intenções voluntárias e a formação dos planos da vida real e motivações volitivas – tudo aparece no brinquedo, que se constitui assim, no mais alto nível de desenvolvimento pré-escolar. A criança desenvolve-se, essencialmente, através da atividade de brinquedo. (VIGOTSKI, 2007, p. 122)

Desde a mais tenra idade, a criança aprende a brincar nas relações que estabelece com outras pessoas mais experientes, adultos ou crianças, que provocam/propõem em sua atividade formas humanas de agir com os objetos e interagir com as pessoas, portanto brincar é uma atividade fundamental no cotidiano da educação infantil.

As Diretrizes Curriculares Nacionais para Educação Infantil[1] indicam que o currículo deve articular as experiências e os saberes da criança com o conhecimento acumulado historicamente pela humanidade, favorecendo o seu

---
[1] Resolução CNE/CEB 5/2009.

desenvolvimento integral, respeitando os princípios éticos, políticos e estéticos e, em seu art. 9º, determina que "[...] as práticas pedagógicas que compõem a proposta curricular da Educação infantil devem ter como eixos norteadores as interações e a brincadeira".

Dessa forma, a organização do currículo na educação infantil deve garantir tempo e espaço para o brincar, favorecendo o desenvolvimento da imaginação da criança, exercendo sua capacidade de criar, experimentar e levantar hipóteses a partir da realidade. Contudo, observa-se nos espaços de educação infantil uma instrumentalização do jogo/brincar voltada principalmente para o aprendizado e desenvolvimento da leitura, da escrita e do conhecimento lógico. (WAJSKOP, 1999; ROCHA, 2005)

Compreendendo o brincar como uma atividade que se aprende e desenvolve na relação com outras crianças e/ou adultos, no espaço da educação infantil, cabe ao professor investir na criação de condições para que a criança com deficiência amplie suas experiências de brincadeira na relação com seus pares. A criança com deficiência, como aponta Victor (2010), apresenta dificuldades para iniciar ou dar continuidade a brincadeiras em que precisam representar papéis ou situações sociais cotidianas, "[...] porque lhe falta conhecer a realidade externa que ultrapassa o limite de sua realidade circundante". (VICTOR, 2010, p. 102)

Victor (2010, p. 107) indica que a função do professor no brincar é de "[...] acompanhar o movimento lúdico da criança, percebendo aspectos que envolvem o seu brincar [sistematizando a] quantidade e a heterogeneidade de experiências que a criança poderá ter sem perder de vista a sua qualidade".

Contudo, diante da criança com Autismo, ao "[...] descrédito nas atividades imaginativas, como brincar, soma-se o descrédito nas possibilidades de desenvolvimento e aprendizagem do aluno especial" (PINTO; GÓES, 2006, p. 15).

Como nos aponta Orrú (2009, p. 139), "[...] uma das afirmações mais comuns sobre os autistas é a de que eles não brincam por não interagirem. De fato, quase concordamos: não brincam porque não sabem brincar em virtude da ausência de relações sociais".

Martins (2009) indica que, na criança normal, o brincar acontece e se desenvolve de maneira que nos parece espontânea, nas situações em que adultos e/ou outras crianças interagem com ela, em que aprende a partilhar a atividade e a atuar com os objetos de forma lúdica. Mas, quando se trata da criança com Autismo, o processo não é simples, pode ser longo e frustrante para o outro – pais, familiares e educadores – devido a pouca interação, o que provoca um baixo investimento nas possibilidades do brincar, desacreditando da importância e da viabilidade da brincadeira para o desenvolvimento dessa criança.

Contudo, a autora acredita que se deve caminhar em direção contrária, criando e envolvendo a criança com Autismo em situações de brincadeiras, o que exige um maior investimento e aposta do outro no processo de significação. Dessa forma, partindo do pressuposto de que a brincadeira/jogo infantil não é uma atividade natural da criança, torna-se fundamental no espaço da educação infantil ensinar a criança com Autismo a brincar, pois

> [...] a brincadeira, além de possibilitar ganhos de desenvolvimento que lhe são próprios (atuação no plano imaginativo, refinamento da significação), proporciona um rico espaço de circulação social de linguagem e uso de instrumentos, sendo, assim uma importante fonte para os processos de constituição dos sujeitos. (MARTINS, 2009, p. 43)

Daniel não sabia brincar. Sua participação nas situações de brincadeiras livres ou de regra era restrita, ele pouco interagia com as demais crianças e com os materiais disponíveis. Ao longo do estudo, a mediação pedagógica nas situações de brincadeira se constituía em uma tentativa de compartilhar sentidos e, ao mesmo tempo, inserir Daniel no universo simbólico, ampliando a possibilidade de circulação social na linguagem e no uso de instrumentos a partir do desenvolvimento da imaginação.

A mediação pedagógica na brincadeira com Daniel

Tendo em vista a importância da brincadeira no desenvolvimento infantil, por ser um meio pelo qual a criança se apropria do mundo, das ações tipicamente humanas, constituindo-se como sujeito histórico cultural, interessamo-nos em compreender como a mediação pedagógica pode favorecer experiências lúdicas para a criança com Autismo na educação infantil, especialmente a brincadeira.

Consideramos, de acordo com Rocha (2005, p. 46), que

> o desenvolvimento da atividade lúdica está articulado com as experiências que, em sentido geral, são oferecidas para as crianças. Estas experiências são em geral, em larga medida, responsabilidade do educador, como organizador do cotidiano educacional. A capacidade imaginária e a atividade lúdica decorrem das condições concretas de vida do sujeito. Não sendo processo psicológico e atividade naturais da criança, torna-se imprescindível que sejam criadas condições necessárias para que ela se aproprie deles.

A brincadeira, como aponta Martins (2009), é uma possibilidade de desenvolvimento da criança com Autismo a partir de sua interação social, em uma prática social específica da infância que também pertence a essa criança, como sujeito que apresenta especificidades na maneira como se relaciona com o outro, mas tem o direito de participar da cultura.

Nossa análise terá como foco os modos como era favorecida a participação de Daniel nas situações de brincadeiras livres, pois consideramos que "[...] como produto social e cultural, a brincadeira não surge espontaneamente entre as crianças: envolve aprendizado, implica a ação educativa, seja ela mais ou menos formal". (INTRA; OLIVEIRA, 2008, p. 515)

A escolha das brincadeiras livres se deu pelo fato de essa forma de brincar ocorrer diariamente e por percebermos nas professoras uma concepção de brincar livre, como algo natural que move as crianças a realizar essa atividade. Por consequência, não era necessária a intervenção do adulto nesse momento. Na brincadeira livre, a participação do adulto era mínima, acontecia mais na mediação de conflitos, o que girava em torno da disputa de materiais utilizados ou escolha de personagens.

Consideramos como brincadeira livre os momentos de faz de conta, jogos de construções/encaixe, brincar no parquinho, situações em que as crianças escolhiam seus pares de brincadeira e exploravam, de acordo com seus interesses, os materiais disponíveis, tais como: bonecas, carrinhos, jogos de encaixe (tipo lego e monta tudo), brinquedos do parquinho e outros materiais disponíveis, como tampinhas de garrafa, potes, cadeiras etc., favorecendo o desenvolvimento da imaginação.

A imaginação, de acordo com Vigotski (1998, p. 127), é "[...] uma forma mais complicada de atividade psíquica, a união real de várias funções em suas peculiares relações", devendo ser entendida como um sistema psicológico que tem como características "[...] as conexões e relações interfuncionais". (VIGOTSKI, 1998, p. 127)

As brincadeiras livres possibilitavam às crianças explorar os materiais, criar situações imaginárias, organizando-se em grupos de acordo com as afinidades e os desejos com referência à situação de brincadeira, sem a orientação de um adulto. Representavam personagens e situações diversas observadas ou vivenciadas imitando adultos, bebês, super-heróis, animais, carros, entre tantos outros que lhes eram possível representar.

No início do estudo, observamos que Daniel, nos momentos de brincadeiras livres, apresentava interesses restritos. Segurava alguns materiais para balançar ou ficar batendo um no outro, mas não se aproximava das demais crianças, pouco experimentava utilizar os materiais disponíveis, como os brinquedos do parquinho, e outros, como baldinhos, carrinho, peças de encaixe etc. No parquinho, ficava no escorregador subindo e descendo. Algumas vezes, ficava próximo ao portão andando de um lado para outro. As intervenções das professoras eram no sentido de colocar Daniel em movimento, explorando mais os brinquedos desse espaço, pois, conforme nos relataram no início do ano, ele não brincava nem mesmo no escorregador, portanto isso já era considerado como um avanço.

A participação de Daniel, no início do estudo, nos momentos de brincadeiras livres, pode ser descrita como na situação a seguir:

As crianças estão no pátio interno brincando com as peças de montar (tipo lego/monta tudo) e alguns brinquedos. Os meninos estão sentados próximos à caixa onde estão as peças montando aviões, carros, torres, espadas. Algumas meninas também brincavam de montar, mas a maioria estava em um outro canto brincando de casinha e pegavam as peças de montar para fazer de conta que era mamadeira e outros objetos. Durante todo o momento de brincadeira, Daniel ficou no pátio, correndo e andando de um lado para outro. Parava na grade, olhava para a chuva que caia do lado de fora, algumas vezes olhava rapidamente para as crianças brincando, mas não se aproxima delas. As crianças também não se aproximavam dele. Nenhuma criança o chamou para brincar. Sua presença só era percebida quando esbarrava em algo que as crianças estavam montando e desmontava tudo (diário de campo 11/5/2010).

Nesses momentos de brincadeiras livres, Daniel não brincava, não interagia com as demais crianças (nem elas com ele), com os materiais disponíveis. Ficava "livre" para realizar seus movimentos, andar de um lado para outro, balançar as mãos e olhar para os ventiladores. Percebíamos nas professoras uma concepção do brincar como algo natural da criança. Nos momentos de brincadeira livre, elas acreditavam que suas intervenções tinham de ser mínimas para dar espaço para as crianças criarem e pouco se colocavam na situação com elas.

Nas situações de brincadeira de regras, observamos uma maior participação de Daniel, a partir da mediação das professoras. Os jogos com regras aconteceram esporadicamente, tendo nove eventos registrados ao longo do estudo, com jogos de imitação (seu mestre mandou);[2] jogos de adivinhação (qual é o bicho[3] e galo e caçador),[4] e de ganhar ou perder (dança das cadeiras), portanto serão descritos brevemente, pois não são o foco de nossas análises. Os momentos das brincadeiras com regras eram realizados com toda a turma junta, na maioria das vezes no pátio interno. As regras eram preestabelecidas e pactuadas entre os participantes a partir da orientação das professoras, que explicavam como as crianças deveriam agir/participar da situação de jogo.

Na fase pré-escolar, a criança começa a operar com jogos de regras simples, não muito rígidas, mas que exigem atenção e autocontrole para cumprir o propósito do jogo, como realizar a ação que o mestre "manda", fazer o gesto imitando um animal, ou sentar na cadeira quando a música para. Contudo, concordamos com Vigotski (2007), que diz que não

---

[2] Nessa brincadeira, a professora diz: "Seu mestre mandou todo mundo..." e todos os alunos fazem o gesto que o mestre mandou.
[3] Nesse jogo, uma criança imita um animal fazendo gestos e sons para toda a turma. A criança que descobrir qual é o animal é a próxima a representar.
[4] Nesse jogo, uma criança é escolhida como caçador. Ela deve ficar de costas para o grupo enquanto a professora escolhe no grupo outra criança para ser o galo. A criança que é o galo imita o som do animal depois que o grupo fala: "Canta galo", e o caçador precisa descobrir quem é o galo.

existe brincar sem regras, portanto, na brincadeira livre, as regras estão presentes de forma implícita. Elas se originam na própria situação imaginária que regulamenta o modo de se comportar de acordo com o papel que a criança assume e/ou ao significado que atribui ao objeto substituto.

A intervenção mínima na brincadeira livre se opunha à intervenção total das professoras nas brincadeiras de regras. Nos jogos de imitação, como o "mestre mandou", o mestre era sempre a professora. Era ela quem indicava o que as crianças deveriam fazer, o gesto a imitar. Foram observados quatro episódios de jogo de imitação e todos sob a orientação da professora colaboradora de planejamento, Raquel, dois com a participação da professora Alice como mediadora de Daniel, como no episódio a seguir:

Raquel inicia a brincadeira "seu mestre mandou" com os alunos e diz: "Seu mestre mandou todo mundo colocar a mão na cabeça" e coloca a mão na cabeça. Alice que está sentada ao lado de Daniel, segura na mão dele e leva até a cabeça dizendo: "Mão na cabeça, Daniel" e solta a mão dele. Daniel fica batendo a mão de leve na cabeça como as demais crianças fazem. Em seguida, Raquel diz: "Seu mestre mandou todo mundo colocar a mão no cotovelo". Alice mostra seu cotovelo para Daniel e diz: "Coloque a mão no cotovelo, assim [colocando a mão no cotovelo]". Ela pega a mão dele e coloca no cotovelo. [...] Alice permanece na roda todo o tempo investindo na participação de Daniel na brincadeira, fazendo os gestos com ele, realizando os movimentos com ele, segurando em seus braços, balançando suas pernas. Ela iniciava os movimentos com Daniel, em seguida, soltava-o e instigava-o a realizar sozinho o movimento, falando o que era para ser feito, fazendo os gestos para ele ver e mostrando que as demais crianças também estavam fazendo os gestos (diário de campo, 7/6/2010).

A mediação de Alice tinha o objetivo de orientar as ações de Daniel em um fazer para/com ele, participando com ele da brincadeira, falando/mostrando para ele o que era para ser feito e como deveria ser feito, a partir da regra estabelecida, "todos deveriam imitar o mestre e fazer o que ele mandava". Havia um maior investimento, por parte das professoras, em intervir nas situações de jogo de regra, em "ensinar" a Daniel brincar, mostrar a regra, realizar ações com ele. Nessas situações, as professoras realizaram as intervenções com Daniel mais seguras, em relação ao que fazer e como fazer para que ele participasse.

Nos nove episódios relacionados com o jogo de regras, as professoras sozinhas, ou com a participação de outro profissional, investiram na participação de Daniel, de forma que se cumprissem as regras e realizassem ações condizentes com o jogo, como na brincadeira de galo e caçador,[5] na qual quando chegou a vez de Daniel ser o galo, a professora Estela, ao seu lado falava: *"Vá Daniel, cante igual o galo assim 'cocoricó'"* e ele fazia *'óóó'.*

O papel do adulto era de agir com Daniel, falando com ele o que deveria ser feito, ora conduzindo a ação com ele, ora orientando, o que possibilitava a ele experimentar subordinar sua vontade à regra estabelecida, favorecendo o desenvolvimento do autocontrole. As demais crianças, nos jogos de regra, pouco interagiam com Daniel, pois se preocupavam em realizar as ações e participar da brincadeira.

Embora, tenhamos observado uma maior disponibilidade das professoras para intervir nas brincadeiras com regras, o mesmo não acontecia nos momentos de brincadeiras livres, pois, nas situações livres, o brincar era compreendido pelas professoras como um espaço e tempo de deixar as crianças por conta de si mesmas, fundamental para o desenvolvimento delas, e o papel do adulto era fornecer os diferentes materiais e observar as situações, deixando as crianças livres para criar.

A pouca participação das professoras nos momentos de brincadeiras livres com as crianças se dava pelo fato de elas

---

[5] Brincadeira realizada em 2/9/2010.

não se colocarem como quem compartilha da brincadeira, alguém que também brinca. Quando entravam nas situações, era para intervir, no lugar de professoras, propondo ações para as crianças, mediando conflitos ou pedindo a elas que brincassem com Daniel.

Como Daniel apresentava interesses restritos em relação aos objetos disponíveis e não interagia nas brincadeiras, as crianças da turma achavam que ele não queria brincar, não sabia brincar, como descrito na situação a seguir:

No pátio interno, Estela leva Daniel até a caixa de peças de montar. Ele se ajoelha com a barriga apoiada na caixa e fica mexendo nas peças dentro da caixa. As demais crianças se aproximam dele para pegar as peças dentro da caixa, mas nenhuma se direciona a ele. Daniel começa a tirar as peças uma a uma de dentro da caixa. Eu me aproximo e pergunto às crianças: "Quem vai brincar com o Daniel? Quem vai ajudar ele a montar?" O aluno Paulo imediatamente responde: "Ninguém, ele não quer brincar, ele não sabe" [...] (diário de campo, 25/5/2010).

Paulo verbaliza o que as crianças da turma pensavam sobre Daniel, sobre o seu comportamento "estranho" nas situações de brincadeira, como não buscar interagir com outras crianças, não brincar. Então conclui que ele não quer brincar, não sabe brincar. Daniel era visto pelas crianças como alguém que não sabia brincar, contudo, considerando a perspectiva do trabalho educativo, era importante que ele fosse percebido pelos colegas como alguém que poderia aprender a brincar, como na sequência do episódio:

"[...] nós podemos ensinar o Daniel a brincar? O que você acha?". Paulo não me responde. Começa a montar algo e, em seguida, entrega para Daniel um círculo montado dizendo: "Toma Daniel, fiz para você". Daniel pega o círculo e começa a girar no chão, como se fosse um pião. Paulo me olha e diz: "Tia, eu também sei fazer isso que o Daniel está

fazendo, olha só" e começa a girar o círculo como Daniel (diário de campo, 25/5/2010).

Na situação descrita, a pesquisadora chama a atenção de Paulo para o fato de que ele podia ensinar Daniel a brincar, brincando com ele. Mostrar para as crianças que elas podiam brincar com ele foi um movimento inicial de aproximar Daniel das demais crianças nas brincadeiras livres.

Contudo, para que a interação entre as demais crianças e Daniel se prolongasse, foi preciso, como mediadoras, "[...] participar da brincadeira sem impor regras; promover o contrapapel; promover a interação entre as crianças; inserir outros participantes em brincadeiras iniciadas individualmente, e solucionar, junto com as crianças, problemas que as impediam de continuar a brincar". (VICTOR, 2010, p. 106)

Foi necessário mostrar para as crianças como poderiam brincar com Daniel, em um movimento de investir/oferecer situações em que as ações de Daniel pudessem ser ressignificadas para as demais crianças e para ele mesmo, como na situação a seguir:

No parquinho, Daniel começa a andar de um lado para outro. A aluna Leila começa andar atrás dele, que foi para onde a professora estava. Estela sai correndo e diz: "Me pegue, Daniel, me pegue". Ele sorri e corre atrás da professora e a aluna atrás dele. Começa uma brincadeira de pique entre Daniel, a professora e a aluna. Daniel corre atrás da professora e Leila atrás de Daniel. Estela sai da brincadeira para resolver um conflito entre duas crianças, Daniel para e Leila diz: "Corra, Daniel, corra, senão eu vou pegá-la". Ele começa a correr. Ela vai atrás dele, ele sorri alto correndo [...] (diário de campo, 31/5/2010).

Ao se direcionar para a professora, Daniel estava "fugindo" da aluna que estava atrás dele, e o enunciado da professora, "Me pega, Daniel, me pega", junto com a ação de correr, dispara em Daniel ações relacionadas com o brincar de pega-pega, como correr atrás da professora para pegá-la e correndo de Leila para não ser pego, ocupando na brincadeira os papéis de pegador e de quem foge para não ser pego. Ao propor uma brincadeira, Estela ressignifica a ação dele e lhe proporciona, na interação com ela e Leila, uma forma de atuar complexa, ocupando o lugar de pegador e de quem foge, assumindo dois papéis ao mesmo tempo.

Daniel precisava aprender a brincar, brincando junto com as outras crianças, o que implicava o adulto entrar na brincadeira, em uma tentativa de orientar suas ações para os objetos, as pessoas e as situações, para que ele pudesse experimentar possibilidades de atuação na realidade, apropriando-se dos materiais, criando modos singulares de interagir com as pessoas e com os objetos, favorecendo o desenvolvimento de processos imaginativos e do modo de perceber a si próprio, compartilhando sentidos com o grupo e com as professoras.

Ensinar Daniel a brincar era favorecer seu acesso às brincadeiras/brinquedos, rompendo com a ideia de que o brincar é natural, que não necessita da ação do adulto, podendo a criança ser deixada por conta de si mesma. A liberdade do brincar está em deixar a criança expressar suas manifestações, desejos, necessidades, imitar, e a intervenção do adulto pode ocorrer no sentido de favorecer situações para que ela possa criar e representar. Intervir significava brincar com Daniel e as crianças, tornar parte das situações, como indica Wajskop (1999, p. 38),

[...] que o adulto seja elemento integrante das brincadeiras, ora como observador e organizador, ora como personagem que explicita ou questiona e enriquece o desenrolar da trama, ora como elo entre as crianças e os objetos. E, como elemento mediador entre as crianças e o conhecimento, o adulto deve estar sempre junto as primeiras, acolhendo suas brincadeiras, atento às suas questões, auxiliando-as nas suas reais necessidades e buscas em compreender e agir sobre o mundo em que vivem.

Para que as vivências de Daniel fossem ampliadas nas situações de brincadeira, tivemos de reorientar o modo de intervir nessas situações. Assim, nas brincadeiras no pátio interno e no parquinho, começamos a brincar com Daniel e com as demais crianças alternando os papéis de observador, organizador e personagem. Nas brincadeiras livres, começamos a *encorajar*[6] o contato de Daniel com os materiais/brinquedos disponíveis, brincando com ele, como no episódio a seguir:

As crianças estão brincando no pátio interno com as peças de montar, Daniel fica andando de um lado para outro balançando as mãos, fazendo movimentos com os dedos e olha para os movimentos que faz. Aproximo-me de Daniel, seguro em sua mão e digo: "Venha brincar". Levo-o para perto de um grupo de alunos que estão brincando com as peças de encaixe, coloco-o sentado e me sento ao seu lado para brincar com ele. Daniel pega duas peças e fica batendo uma na outra. Pego duas peças, encaixo uma na outra e começo a montar uma torre dizendo: "Vamos montar uma torre Daniel? Olha aqui, Daniel, vamos encaixar uma peça na outra assim, [encaixo mais uma peça]". Ele não me olha nem olha para a torre. Pergunto para ele: "Daniel, você quer me ajudar a montar a torre?" e ele não me olha, fica olhando para as peças que bate uma na outra. Peguei na mão de Daniel e disse: "Vamos encaixar essa peça que você está segurando aqui na torre", e encaixei a peça segurando na mão dele. Em seguida, coloquei outra peça na mão dele e disse: "Agora vamos colocar essa peça aqui". Encaixamos mais duas peças, até que Daniel começa a olhar para nossas mãos na hora de encaixar as peças, e eu digo: "Essa torre vai ficar muito bonita e bem colorida né, Daniel?". Entrego mais uma peça na mão dele e espero para ver o que ele vai fazer. Ele pega minha mão e coloca na mão dele e eu digo: "Você quer que eu o ajude a encaixar a peça?".

---

[6] Termo utilizado por Martins (2009, p. 82) que aponta três modos de atuação do outro no brincar das crianças com Autismo: "[...] o encorajamento do início ou manutenção do contato; nomeação e a descrição das características perceptuais e funcionais dos objetos; e dizer sobre brinquedos e brincadeiras, de maneira a construir sentidos para as situações em ocorrência".

Ele me olha e abaixa a cabeça, começo a encaixar a peça com ele. A peça escapole de nossas mãos. Imediatamente, ele pegou a peça e tentou encaixar na torre, mas não conseguiu. Ele pega minha mão, coloca a peça e a leva até a torre. Eu pergunto: "Você quer que eu coloque a peça com você? Então tá, vamos montar a torre juntos" e colocamos a peça. Encaixamos mais peças juntos, entregava a peça e falava: "Vamos colocar essa peça na torre" e fazia o movimento com ele, que olhava para as peças e, por duas vezes, ele segurou a base da torre comigo, sem que eu tivesse falado para ele segurar a torre na hora de encaixar a peça (diário de campo, 2/6/2010).

O movimento da mediação pedagógica na situação descrita foi configurar a situação de brincadeira, enunciando para Daniel o que seria feito com as peças, indicando a montagem de uma torre, seguido pelo pedido de ajuda para montar. Contudo, o interesse dele continuou em bater uma peça na outra e foi preciso encorajá-lo a montar, investindo na ação conjunta, indicando, por meio da fala, o que era para ser feito e, ao mesmo tempo, realizando com ele a ação de encaixar: *Peguei na mão de Daniel e disse: "Vamos encaixar essa peça que você está segurando aqui na torre" e encaixei a peça segurando na mão dele.* No movimento conjunto, no falar para ele e agir com ele, Daniel começa a olhar o que estamos fazendo, para nossas mãos juntas encaixando as peças. Sua atenção é orientada para as ações realizadas.

Em um segundo momento, a pesquisadora incentiva Daniel a montar sozinho, sem indicar que esperava isso dele por meio da fala. Entrega-lhe a peça e fica observando a sua ação, que é pegar na mão da pesquisadora e colocar na mão dele. No processo de atribuir sentidos aos gestos e olhares de Daniel, a pesquisadora interpreta a ação dele como um pedido de ajuda para encaixar a peça e verbaliza com a pergunta *"Você quer que eu o ajude a encaixar a peça?".* Ele olha rapidamente para ela, o que foi interpretado como um sim.

Ao interpretar, estruturar e orientar as ações de Daniel, a fala da pesquisadora adquire o papel regulador da linguagem, que, de acordo com Góes (2000, p. 120), "[...] deve ser entendido como de inter-regulação, sob a concepção de um tenso entrelaçamento de condições de subordinação e de partilha, de se sujeitar e se impor, no encontro do indivíduo com os outros". Falar para Daniel era o meio de envolvê-lo no campo da significação, em um diálogo em que suas ações eram estruturadas e organizadas a partir da palavra do outro e em ação conjunta com o outro.

Retomando o evento, Daniel nos dava algumas pistas de compartilhamento de sentidos a respeito do que fazíamos quando pega a peça que escapole; e de uma possível resposta ao trabalho mediador, quando segura, por duas vezes, a base da torre no momento de encaixar as peças com a pesquisadora. Essa era uma ação feita pela pesquisadora que Daniel imita, revelando-nos indícios da conversão do plano interpessoal para o intrapessoal.[7]

O papel do adulto/mediador é favorecer que a situação de brincadeira se constitua para Daniel como um espaço de elaboração e entendimento do real, criando condições para avanços significativos no desenvolvimento dessa criança, possibilitando a expansão dos domínios social e afetivo-emocional. (INTRA; OLIVEIRA, 2008)

O jogo de encaixe vai se estruturando a partir da sequência de falas e ações que promovemos e tentamos manter com Daniel, favorecendo a construção de um novo comportamento a partir de nossas ações. Percebemos a relação entre sujeito e sujeito se ampliar nessas situações, como nos aponta Martins (2009), rompendo com a ideia de que o outro é apenas "usado" pelas pessoas com Autismo.

Daniel montou a torre em conjunto com a pesquisadora. Ele pode, com ajuda, experimentar uma nova pos-

---

[7] De acordo com a Lei genética geral do desenvolvimento cultural. (VIGOTSKI, 1983)

sibilidade de interagir com as peças que não fossem ficar batendo uma na outra.

Nas situações de brincadeira, pudemos observar as nuances da qualidade das manifestações da criança com Autismo, vivenciando momentos de manifestação de afeto,[8] percepção do outro, ações que, muitas vezes, não são esperadas por parte dessas crianças devido ao diagnóstico. Os indícios dessas manifestações acabam por não serem considerados ou percebidos. Portanto, o outro, como mediador, deve ter um olhar cuidadoso, atento para perceber o esforço que esses sujeitos desprendem para serem compreendidos, em ações breves, algumas vezes quase imperceptíveis. (BOSA, 2002)

A situação, a seguir, apresenta o olhar cuidadoso da professora colaboradora de ações inclusivas no modo de interpretar as ações de Daniel durante a brincadeira, favorecendo sua participação e manifestações de afeto:

A turma está brincando no pátio interno. Alice acompanha Daniel, coloca-o sentado no chão e diz: "Você quer montar uma torre?". Ele sorri. Alice interpreta o sorriso como uma afirmativa e continua: "Vou pegar umas peças lá na caixa". Daniel abaixa a cabeça, e Alice vai buscar as peças. A professora coloca umas peças em frente de Daniel, senta-se de frente para ele, começa a montar uma torre encaixando uma peça sobre outra, e pede: "Me ajude, Daniel. Pegue uma peça e coloque aqui pra tia". Como ele não olha para ela, Alice oferece uma peça para ele dizendo: "Segure essa peça para você colocar na torre". Ele empurra a mão da professora até a torre e ela diz: "Você quer que eu monte a torre sozinha?". Olhando para ele, continua: "Então vou fazer a torre sozinha" e continuou a colocar as pe-

---

[8] As manifestações de afeto em Vigotski (1997, 1998, 2007) são apresentadas como a força que move a criança para ação, constituída na internalização do modo como a cultura é apresentada para ela a partir do outro. Na relação, o sujeito é afetado pelo outro ao mesmo tempo em que também afeta esse outro na inter-relação, em uma constituição mútua. No caso do presente estudo, o outro tinha que se colocar constantemente como a vontade que impulsiona a criança com Autismo para ação, afetando essa criança e sendo afetado por ela.

ças na torre. Daniel observa Alice colocando peças na torre. Ela oferece novamente uma peça para ele, sem falar nada, apenas estende a mão com a peça na direção dele, que segurou a peça, levou até o topo da torre tentando encaixá-la. Alice ajuda Daniel a encaixar a peça e, quando termina, ela sorri, bate palmas e diz: "Isso, Daniel". Ele olha para professora, balança as mãos e sorri alto, como se desse uma gargalhada. Daniel pega uma peça sem a solicitação de Alice e leva até a torre, tentando encaixá-la. Como não consegue, ele pega a mão de Alice, leva até a peça e ela diz fazendo o gesto com ele: "Precisa virar a peça assim" e encaixa com ele. Imediatamente ele balança as mãos e dá outra gargalhada. Alice diz: "Olhe a nossa torre, Daniel, como está ficando alta!". Ele pega outra peça e encaixa sozinho. Alice, em um impulso, abraça-o, beija-o e diz: "Você sabe fazer, olhe, fez sozinho". Quando ela o solta, ele sorri novamente dando gargalhada. Ela pega outra peça e oferece para ele que pega a mão de Alice, coloca-a e leva até a torre encaixando a peça com a professora. Quando termina, balança os braços e sorri. Alice, sorrindo para ele, faz cócegas na barriga dele, dizendo: "Você quer comemorar, né?". Ele inclina o corpo na direção de Alice, sorri aceitando o contato. Ela o abraça e, em seguida, começa a bater palma e dizer "Daniel, Daniel". Ele bate palmas com ela emitindo uns sons e sorrindo (diário de campo, 29/6/2010).

Na situação descrita, Daniel sorri para Alice após a pergunta: "Você quer montar uma torre?", sorriso este interpretado pela professora como "Sim, eu quero", o que desencadeou toda a situação de brincadeira. Alice também interpreta os gestos de Daniel. Quando ele empurra a mão dela em direção à torre, ela diz: "Você quer que eu monte sozinha?" e continua a montar, mantendo a situação para, em seguida, investir novamente na participação dele, como quando, sem falar, apenas com gestos, ela oferece uma peça para ele, que pega a peça da mão da professora e tenta encaixar na torre. Daniel encaixa a peça com a ajuda da professora que, ao final, comemora sorrindo, batendo palmas e dizendo: "Isso, Daniel". Ele responde com uma "gargalhada". Ele pega outra peça, tenta encaixar e, ao final, balança os braços e sorri novamente, como quem espera a comemoração de Alice.

As interpretações e ações de Alice são fundamentais para incentivar Daniel a interagir, experimentar, se relacionar com o outro e com os objetos. Ela percebe as ações dele, fala sobre elas, responde a elas e compartilha com ele manifestações de afeto e troca de experiências. Concordamos com Orrú (2009) que esclarece que as interpretações feitas pela professora se tornam o centro nesse processo, pois, mediando as ações e situações existentes, sua interpretação constrói sentidos para as manifestações da criança.

Interpretar as ações de Daniel era enunciar para ele, esperar dele uma resposta. Para Bakhtin (1992), o papel do outro para quem se constrói o enunciado é fundamental. Ao enunciar, espera-se uma resposta. Todo enunciado parece ser construído ao encontro de uma resposta. Na medida em que Daniel nos dá pistas de uma resposta, como um sorriso, o pegar/encaixar peças, ou inclinar o corpo em direção à professora como uma receptividade da manifestação de afeto, ele nos mostra pequenos indícios de uma participação nas práticas discursivas. Na interação com a professora, seus gestos produzem sentidos, que são compartilhados por ambos.

O contato físico consentido de Daniel nos remete a Wallon (1995, p. 141), ao considerar que "[...] as influências afetivas que rodeiam a criança desde o berço não podem deixar de exercer uma ação determinante na sua evolução mental". Destacamos aqui, com base em Wallon, a comunicação afetiva entre Daniel e a professora Alice, um diálogo que se estabelece nas manifestações corporais e afetivas.

Para o autor, a manifestação da emoção está diretamente ligada aos efeitos que causam no outro, às reações semelhantes, complementares ou recíprocas. No episódio, a linguagem da professora, não apenas falada, também é expressa no corpo, que sorri, bate palmas, abraça, beija e faz cócegas. As reações de Daniel são recíprocas. Ele corresponde ao que a professora esperava, e as reações dela para ele também, as ações se complementam.

O ato da professora de beijar e abraçar Daniel, vibrando pelo que ele realizou, favorece, que, no momento posterior, quando ela faz cócegas e pergunta se ele quer comemorar, ele incline o corpo na direção da professora permitindo o contato físico afetivo.

No episódio, foi possível perceber indícios daquilo que Wallon indica como contágio das emoções, que caracteriza a afetividade como uma manifestação social devido às reações que causam no meio. A emoção está na origem da atividade intelectual, ela proporciona formas de interações sociais que possibilitam o acesso ao universo simbólico e à linguagem. O gesto precede a palavra, e o ato mental projeta-se em atos motores.

A atividade cognitiva, ao progredir, faz com que o ato motor se integre à inteligência, ou seja, ele é internalizado; a criança torna-se capaz de organizar mentalmente uma sequência de ações e reduz sua ação exterior. As ações se especializam gradualmente de acordo com o meio cultural, se ajustam aos espaços, às situações e aos usos dos objetos; as ações que não correspondem a uma prática social tendem a desaparecer. Há um ajustamento progressivo dos movimentos ao meio cultural, o que está diretamente relacionado com a possibilidade de a criança controlar voluntariamente suas ações. (GALVÃO, 1995)

A mediação pedagógica começou a contribuir para a construção da brincadeira e, ao mesmo tempo, organizava a situação, e as professoras se tornavam parceiras de brincadeira. Nesse movimento de brincar com Daniel, de fazer parte com ele da situação de brincadeira, ela o encoraja a experimentar os objetos e os brinquedos. As demais crianças da turma foram se aproximando, começaram a entrar na brincadeira, a princípio, para brincar com o adulto e mostrar o que sabiam fazer. Na brincadeira com peças de encaixe, enquanto construíamos torres com Daniel, as demais crianças se aproximavam dizendo: "Tia, olhe o avião que fiz"; "Posso ajudar o Daniel, também" e, nesse processo, elas começaram a participar da brincadeira.

A situação, a seguir, descreve o modo como as outras crianças da turma se aproximavam para brincar:

As crianças estão brincando na areia na parte externa da escola (fora do parquinho), Estela inicia uma brincadeira de fazer bolo com Daniel, porém não continue, pois vai atender a aluna Roberta que estava chamando. Daniel, sentado na areia, começa a balançar a pá. Eu me sento ao lado dele e começo a brincar com ele. Pego outra pá e começo a encher o baldinho que está na frente dele dizendo: "Me ajuda, Daniel, a encher o baldinho", e ele, imediatamente, pega um pouco de areia com a pá e coloca no balde. Eu digo: "Vamos fazer um bolo de areia" e continuamos a encher o balde juntos. Quando o balde estava cheio, eu disse: "Vamos virar o bolo?". Peguei o balde, virei e falei: "Agora precisa tirar o balde para ver como ficou o bolo, vamos tirar, Daniel?" e, juntos tiramos o baldinho. Enquanto tirávamos, eu falava: "Devagar, precisamos ter cuidado para não desmontar o bolo". Daniel olhava para a ação que realizávamos juntos e, quando terminamos, ficou olhando para o monte de areia que ficou. Lauro se aproxima e pergunta: "Tia Fernanda, posso brincar com você e com o Daniel?". Eu respondo: "Sim, você pode brincar, nós estamos fazendo um bolo, né Daniel?". Ele olha para Lauro, que, então, começa a fazer um monte de areia e diz: "Olhe, tia, estou fazendo um bolo". Respondo: "Que legal! Para quem é esse bolo?". Lauro responde: "É para o Daniel, mas é meu também, é de chocolate". Falo para Daniel (apontando): "Olhe o bolo de chocolate que o que o

Lauro está fazendo, ajude o Lauro, coloque areia no bolo". Daniel fica observando Lauro "fazer" o bolo. Quando termina, Lauro diz: "Tome, tia, um pedaço do bolo" e coloque um pouco de areia na minha mão. Eu finjo que como o bolo e digo: "Está delicioso o seu bolo de chocolate, dê um pedaço para o Daniel também". Lauro finge que corta o bolo, coloca um pouco de areia na mão de Daniel e diz: "Coma o bolo, Daniel, coma, mas é de mentirinha, não é para comer de verdade, tá?" e ajuda Daniel a fingir que come o bolo, levando a mão dele até perto da boca, depois vira a mão de Daniel para a areia cair no chão e pergunta: "Tá gostoso o bolo?" Daniel sorri. João Lucas se aproxima, vem com um "pedaço de bolo" (areia nas mãos) e diz, rindo: "Tia Fernanda, esse bolo é de pimenta", e eu respondi: "Bolo de pimenta, deve arder muito a boca". Ele sorriu e disse: "Mas eu coloquei açúcar", então "provei o bolo", comecei a abanar a boca dizendo: "Essa pimenta arde muito, hein", e as crianças começam a rir e Daniel sorri também (diário de campo, 6/7/2010).

Lauro se aproxima da situação pedindo para brincar com a pesquisadora e com Daniel. Ele faz "bolo de chocolate" para Daniel e para ele. Parece perceber que a situação era para provocar a participação de Daniel. Ao terminar de fazer o bolo, ele nos dá um pedaço. Primeiro para a pesquisadora e, em seguida, para Daniel. Lauro torna-se o mediador, ele conduz a situação, orienta as ações de Daniel, realizando gestos com ele e dizendo: "Não é para comer de verdade, tá". Um enunciado em gestos e palavras que transmitem a regra implícita da brincadeira, o que pode ser feito no faz de conta e o que não pode, a areia pode ser um bolo, mas não se pode comê-la.

As mediações foram acontecendo no sentido de estruturar a brincadeira de modo que se favoreça a interação entre as crianças no compartilhamento de ações a partir dos papéis assumidos por cada um (VICTOR, 2010). Ao se aproximarem da brincadeira para interagir com o adulto, as crianças entravam em interação com Daniel e, aos poucos, foram modificando a imagem que tinham de Daniel como de alguém que não sabia ou não gostava de brincar, a para o de quem podiam ensinar a brincar.

A mudança de olhar das demais crianças para Daniel nas situações de brincadeira possibilitou a ele brincar e interagir em situações criadas/imaginadas pelas próprias crianças. Elas se configuram como o outro do processo interativo, aquele que, de acordo com Rocha (2005), destaca, distingue e dá relevância social às ações da criança e ao uso de objetos, favorecendo a apreensão cultural na apropriação da linguagem e nos usos dos objetos e signos.

Proporcionar a Daniel a utilização dos brinquedos e dos demais materiais disponíveis na situação de brincadeira era o meio de possibilitar, a partir da linguagem do outro, que suas ações favorecessem a estruturação e a organização do pensamento, que só acontece na atividade/interação da criança com o meio e as pessoas.

A situação, a seguir, apresenta o modo como a professora Estela favorece a participação de Daniel na brincadeira de escorregar com outras crianças:

Daniel olha para Lauro que estava escorregando de diferentes maneiras, dizendo que era um super-herói. Lauro me chamava: "Olhe tia Fernanda, vou descer com o meu superpoder rapidão" e escorregava. Daniel subiu e escorregou sentado. Lauro, que escorregava na frente de Daniel, começou a descer de barriga para baixo. Roberta entrou na brincadeira atrás de Daniel e também desceu de barriga para baixo. Daniel para, fica olhando os dois escorregarem. Daniel sobe no escorregador e Estela, que estava observando Daniel, se aproximou dele e o ajudou a se virar para descer de barriga. A professora foi falando com ele e fazendo com o corpo dele cada movimento: "Segure aqui [pega a mão de Daniel e a coloca no corrimão] agora vire [e foi virando o corpo dele], agora segure aqui [e colocou a mão dele em um lugar mais baixo], agora estique a perna [e esticou a perna dele], agora solte e escorregue [soltou a mão dele do ferro do escorregador, mas continuou segurando enquanto ele escorregava]". Quando terminou de escorregar, ele sorriu para Estela que diz: "Você gostou, né?", dando um abraço nele, que, em seguida, corre, sobe no escorregador, na parte de cima, vira o corpo sozinho. Estela diz: "Isso mesmo, Daniel". Ele sorriu e desceu de barriga para baixo. Lauro, ao ver Daniel descendo de barriga para baixo, diz para Estela: "Tia, o Daniel tá brincando com a gente de super-herói", e fica esperando em cima do escorregador Daniel subir. Lauro escorrega de barriga para baixo e fica esperando por Daniel, que também escorrega de barriga para baixo. Ele segura na mão de Daniel, corre pelo parquinho como se estivesse voando e volta para o escorregador com Daniel, onde ficam escorregando com Roberta (diário de campo, 24/8/2010).

Estela, ao perceber os olhares de Daniel para as crianças escorregando de barriga para baixo, interpreta como a vontade de fazer igual. Então intervém na situação, como quem ajuda a solucionar problemas que o impedem de participar. A professora explica como escorregar de barriga, orientando como ele deveria virar o corpo no escorregador, com falas e ações conjuntas, informa passo a passo o que ele deve fazer. Depois ele escorrega e sorri. Ela responde ao sorriso dele com um abraço.

Estela possibilita a Daniel interagir de outra maneira com o escorregador. Ao ensiná-lo a escorregar de barriga para baixo, favorece a ele brincar com Lauro, que pega em sua mão e corre pelo parquinho de mãos dadas com Daniel, imitando um super-herói voando. Com o olhar cuidadoso do adulto, as ações de Daniel no parquinho vão se modificando, deixando de ser estranhas e se constituindo como brincadeiras.

Martins (2009, p. 85) indica que "[...] o processo de significar, de atribuir sentido às ações, brincadeiras e objetos, para a criança com Autismo, propicia o surgimento de modos diferenciados, em sua relação com o outro". Portanto, ao investirmos na interação com Daniel nas situações de brincadeira, na busca de significar suas experiências, favorecendo Daniel a interagir com as pessoas e os objetos, investimos também nas suas possibilidades de se perceber para além das limitações do diagnóstico.

Dessa forma, a nossa participação nas situações de brincadeira inicialmente teve o objetivo de possibilitar a Daniel vivenciar o brincar, em um brincar com ele, encorajando-o a estabelecer contato com objetos e pessoas, colocando-nos como "[...] o intelecto, a vontade e a atividade da criança [...], até que ela possa ir assumindo essas funções". (GÓES, 2002, p. 103)

Na medida em que, com nossa ajuda, Daniel começa a "aprender a brincar", experimentando suas possibilidades de ação com os materiais disponíveis, o modo como as demais crianças da turma percebiam, Daniel também foi se modificando, o que possibilitou transformar a aproximação das demais crianças em brincadeiras coletivas, favorecendo novos modos de Daniel se perceber nas situações de brincadeira.

Na brincadeira de montar torre, na medida em que Daniel já experimentava encaixar as peças, começamos a montar torres com ele envolvendo a colaboração das demais crianças da turma. Nessas situações, cada criança colocava uma peça na torre, e Daniel inicialmente colocava as peças com nossa ajuda, segurando na mão dele. Aos poucos, as próprias crianças mediavam a situação entregando a peça na mão de Daniel, sinalizando quando era a sua vez.

Consideramos que a interação social com outras crianças, sem a síndrome, possibilita a criança com Autismo aprender e se transformar, podendo diminuir os comportamentos considerados inadequados a partir da apropriação e construção de um novo repertório com ações mais significativas, por meio da ação mediadora do professor e das crianças com quem convive no espaço escolar. (ORRÚ, 2009)

A mediação e a inserção de Daniel na brincadeira de faz de conta

A brincadeira de faz de conta deve ser compreendida, como aponta Victor (2001, p. 9), "[...] como um fenômeno que não existiria sem as relações sociais e de trabalho entre os homens e as relações dos homens com os objetos". O faz de conta é uma situação em que a criança sozinha, ou com seus parceiros de brincadeira, cria uma situação imaginária, assume papéis e passa a interagir com os objetos e parceiros de brincadeira de acordo com a temática da situação, negociando significados e regras que regulam a situação de acordo com os papéis assumidos por cada um.

O faz de conta é um meio de a criança ampliar suas possibilidades de ação na realidade imediata, adentrando em uma esfera da vida social e de relações dos adultos, na qual ainda não pode atuar. A importância dessa forma de brincar no desenvolvimento infantil é que nela a criança ultrapassa sua percepção da situação imediata em uma

> [...] divergência entre os campos do significado e da visão. No brinquedo, o pensamento está separado dos objetos e a ação surge das ideias, e não das coisas: um pedaço de madeira torna-se um boneco e um cabo de vassoura torna-se um cavalo. A ação regida por regras começa a ser determinada pelas ideias e não pelos objetos. (VIGOTSKI, 2007, p. 115)

O destaque ao faz de conta se dá pelo fato de os momentos de brincadeira livre se caracterizarem principalmente por essa forma de brincar. Ao longo do estudo, presenciamos situações em que as demais crianças da turma, sozinhas ou com a participação e mediação do adulto, envolviam e estabeleciam interações com Daniel em situações de faz de conta, como no episódio a seguir:

Daniel se aproxima das alunas Leila e Helena que estão brincando com tampinhas de garrafa no pátio interno. Ele fica olhando, e Helena diz: "Sente pra brincar com a gente". Ela se levanta e o coloca sentado. As alunas começaram a brincar de faz de conta com as tampinhas. Helena preparava biscoitos e suco, servia para Daniel dizendo: "Coma um biscoito, Daniel, eu fiz. É de chocolate". A aluna oferece o 'biscoito', pega uma tampinha e leva até a boca do aluno e diz: "Coma, coma, abra a boca". Daniel vira o rosto e sorri. Helena continua: "É pra fingir que tá comendo, Daniel. Assim [ela finge que morde a tampinha e começa a fazer a ação de mastigar]. Agora coma, tá gostoso". Ela encosta a tampinha na boca de Daniel, que afasta a mão dela de seu rosto. Leila entra em cena e diz: "Eu fiz café, quem quer café?". Pega uma tampinha, coloca na mão de Daniel e diz: "Beba, o meu café, está uma delícia", Daniel segura a tampinha e começa a girar. A aluna diz: "Ai, ai, me dê aqui o seu copo, Daniel, você derramou tudo" e começa a fazer gestos como se estivesse limpado o aluno, que olha para Leila e sorri. Helena coloca umas tampinhas dentro do pote e Leila diz: "Deixe eu ajudá-lo a guardar os biscoitos" e começa guardar as tampinhas no pote. Helena coloca umas tampinhas próximo a Daniel dizendo: "Ajude a gente, ajude" e empurra o pote para mais perto dele. Daniel pega uma tampinha e coloca dentro do pote, logo ele começa a pegar mais de uma tampinha com a mão, enchendo a mão e colocando no pote como Leila e Helena faziam. Leila diz: "Isso, Daniel, tem que guardar os biscoitos para não estragar" e, em seguida, fala com a pesquisadora: "Olhe, tia Fernanda, o Daniel está ajudando a gente". Os três continuam até encher o pote (diário de campo, 5/7/2010).

Helena convida Daniel para brincar. Coloca-o sentado e, a partir disso, estrutura a brincadeira de faz de conta, estabelecendo os papéis de cada um. Elas assumiram a função de quem prepara e oferece o alimento a Daniel, e o dele era de quem deveria comer. Ao dar a comida e bebida para Daniel, elas representavam as ações das professoras no momento do lanche com ele, oferecendo o alimento na boca.

Nesse jogo de atribuição de papéis na brincadeira, as ações de Helena e Leila possibilitam a Daniel transitar entre o lugar de quem não sabe e não quer brincar, para o de alguém que pode brincar. As crianças podiam "ensinar a brincar" propondo brincadeiras e ações com os objetos.

Helena convida e tenta manter Daniel na brincadeira, mesmo diante da recusa dele em desempenhar as ações solicitadas pela própria brincadeira. Quando ele vira o rosto, ela finge que está comendo algo que não se pode comer de verdade, com palavras e gestos: *"É pra fingir que tá comendo, Daniel, assim [ela finge que morde a tampinha e começa a fazer a ação de mastigar] agora coma, tá gostoso"*. Ela realiza para ele os deslocamentos no campo das significações a que as ações e os objetos estão subordinados, transitando entre o imaginário e o real. Ela pode simular que a tampinha é um biscoito atuando em um plano imaginário, contudo realiza ações concretas, como levar o alimento até a boca, mas não pode comer a tampinha e volta ao plano imaginário ao fingir que está comendo.

Assim, para Vigotski (2007, p. 120), "[...] o brinquedo contribui com a principal contradição para o desenvolvimento", a ação no brincar está relacionada com o real, contudo ela ocorre em situações criadas pela própria criança que imagina e dá origem à ação, desenvolvendo a vontade, a capacidade de fazer escolhas, substituindo um objeto por outro, bem como uma ação por outra.

Helena e Leila possibilitam a Daniel se deslocar por esses planos: o do real e o do imaginário. Ao oferecer biscoito e café, limpar o aluno do "café derramado" e guardar os biscoitos, elas mantêm a situação de faz de conta, investem para que Daniel participe da brincadeira. A ação de Helena, ao empurrar o pote para mais perto de Daniel, ao colocar as tampinhas próximas a ele, para ele ajudar a guardar os biscoitos, configura-se em um pedido, reafirmando sua participação na brincadeira, indicando o que espera dele, e dispara nele a ação de guardar as tampinhas, evidenciando o compartilhamento de sentidos.

Daniel começava a participar das brincadeiras em conjunto com outras crianças, que propunham a situação de brincadeira: o gira-gira se transformava em barco, o minhocão em trem, na areia tinha festa, bolo. Elas conseguiam, na situação interativa com Daniel, significar as ações dele de acordo com a brincadeira, com a regra que quase nunca era explícita, como na situação a seguir:

No parquinho, Daniel está no escorregador, subindo e descendo e começa a olhar para as crianças que estavam fazendo bolo na areia. Pergunto para ele: "Você quer brincar na areia? Vamos lá". Ele caminha em direção às crianças e senta na areia. Estela pega um baldinho e uma pá e entrega na mão de Daniel, dizendo: "Tome aqui para você fazer um bolo". João Lucas se aproxima dele e diz: "Tem que colocar areia no balde para fazer o bolo [pega um pouco de areia com a pá e joga no baldinho]. Pegue a areia, Daniel". Daniel tenta pegar a areia com a pá e jogar dentro do balde, porém a pá estava virada ao contrário. Eu digo: "Daniel, [ele me olha] sua pá está virada", e viro a pá, encho de areia segurando em sua mão e levo junto com ele até o balde onde colocamos a areia dentro. Soltei sua mão e ele fez o movimento de encher mais duas vezes, depois parou. João Lucas diz: "Agora precisa mexer o bolo [segurando em sua mão fazem juntos o movimento de mexer]. Eu falei: "Mexa bem esse bolo, Daniel, para ficar gostoso". Ele me olhou e sorriu. João Lucas continua: "Agora tem que virar o bolo [começa a virar o baldinho], precisa ter muito cuidado para o bolo não desmontar". Quando termina, diz: "Olhe o nosso bolo, Daniel, vamos cantar parabéns" e começa a chamar as outras crianças dizendo: "Está na hora do parabéns, vamos cantar" e começam a bater palmas e cantar. Ana Luyza se aproxima de Daniel, segura em suas mãos e diz: "Bata palmas, Daniel, bata, assim ó [realizando o movimento com o aluno]". Daniel puxa o braço e começa a bater palmas sozinho (diário de campo, 5/7/2010).

Na situação descrita, Daniel olha para as crianças que estão fazendo bolo e, quando pergunto se ele quer brincar, o gesto dele de se direcionar às crianças e se sentar com elas é interpretado como uma resposta afirmativa, não só por mim mas também por João Lucas, que se aproxima dele e começa a ensiná-lo a fazer um bolo de areia, indicando a sequência de atos que deveria realizar passo a passo e fazendo as ações com ele.

A linguagem de João Lucas, em seu falar e agir junto com Daniel, regula, estrutura e organiza as ações dele na brincadeira de fazer bolo de areia, atribuindo sentidos às ações, inserindo-o no campo das significações que só acontece nas relações concretas.

Na situação descrita, Daniel tem oportunidade de vivenciar a atuação no campo da significação. Suas ações, com a colaboração de João Lucas, ultrapassam a percepção imediata dos objetos e passam a ser regidas pela temática da brincadeira de fazer bolo e não pelas características dos objetos externos.

As ideias, motivações que levavam Daniel a realizar as ações na situação de faz de conta, ainda eram externas, partiam sempre dos mediadores, adultos ou crianças. A mediação dos pares se dava de diferentes formas, com a proposição da brincadeira, com ajuda ou como modelo a ser imitado, como na situação a seguir:

Daniel está sentado no chão com Paulo e Roberta, na frente da sala, onde um grupo de crianças brincava. Paulo montou duas torres e entregou uma para Daniel e disse: "Olhe, Daniel, eu cortei meu cabelo assim", e passa a torre em sua cabeça fazendo um som "zum zum" e continua: "Eu vi você lá onde eu corto o cabelo". Eu comento: "O Daniel cortou o cabelo hoje, está bonito". Paulo pega a "máquina de cortar cabelo" e passa na cabeça de Daniel, fazendo o som "zuum, zuum, zum". "Foi assim que você cortou o cabelo, né, Daniel?". Paulo volta a passar a máquina na sua cabeça e diz: "Olhe como eu sei cortar o meu cabelo, corte o seu também, Daniel" e coloca a outra "máquina" na mão de Daniel e começa a fazer o gesto e som de cortar o cabelo. Daniel sorri, Paulo solta a mão dele e diz: "Agora é você que vai cortar o seu cabelo", e ele fez o gesto várias vezes fazendo também o som. "Um,um,um", olhando para Paulo e sorrindo (diário de campo, 2/8/2010).

Na situação descrita, Paulo insere Daniel no faz de conta e relaciona a brincadeira com a vivência deles de cortar cabelo. A torre se transforma em uma máquina de cortar cabelo. Ao passá-la pela cabeça fazendo o som da máquina, atribui sentidos ao objeto substitutivo nas ações realizadas com ele. Daniel, ao imitar os gestos e os sons de Paulo, nos dá indícios de uma atuação no plano simbólico, ao se relacionar com a torre de acordo com o tema dado por Paulo, em uma reelaboração de uma situação que ele já vivenciou.

Para imitar, a criança necessita de uma compreensão da ação que o outro realiza, a percepção do outro na constituição de si. A imitação de Daniel nos dá pistas de uma possível percepção do outro e de um processo inicial da evolução do brincar que envolve muito mais a memória do que a imaginação propriamente dita. (ROCHA, 2005)

O brincar fornece, como indica Vigotski (2007, p. 122), "[...] ampla estrutura básica para mudanças na necessidade e da consciência". Na situação imaginária, surgem as intenções voluntárias que inicialmente são como uma recordação de algo que a criança vivenciou. "É mais memória em ação do que uma situação imaginária nova" (VIGOTSKI, 2007, p. 123). A ação de Paulo na brincadeira talvez tenha possibilitado a Daniel recordar algo que vivenciou recentemente, como havia cortado o cabelo.

As mediações com Daniel no brincar nos favoreceram perceber e desenvolver as expressões de desejos e sentimentos, pois, nas brincadeiras, essas manifestações tomavam significado e sentido na interação social. Daniel sorria, imitava gestos e sons, brincava, o que nos dava pistas de um desenvolvimento cognitivo e afetivo.

Para Vigotski (1998), o desenvolvimento dos processos cognitivos está inter-relacionado com as transformações que ocorrem nas emoções, que vão se afastando da origem biológica, instintiva e se constituindo histórica e culturalmente, favorecendo o controle do sujeito sobre si mesmo a partir do contexto cultural em que está inserido. Se, no início do estudo, Daniel não brincava e se afastava dessas situações, agora ele experimenta suas possibilidades de atuação com a ajuda dos adultos e das crianças, como na situação a seguir:

No parquinho, Daniel caminha em direção ao minhocão. Ele se aproxima e sobe na parte da frente do brinquedo, Lauro se aproxima e sobe atrás de Daniel e diz: "Tia Fernanda, o Daniel está dirigindo o trem". Eu comecei a brincar com eles dizendo: "Que barulho que o trem faz? Piuiiii, piuiiii". Lauro começou a fazer o som e eu continuei: "Faça Daniel o barulho do trem, piuiii, piuiii". Daniel começou a fazer um som de "iiiiii" e depois me olhou, sorriu e eu sorri para ele. Lauro continua a fazer o som "piuiii, piuiii", Daniel repete "iiiiii". Logo, João Lucas se aproxima e diz: "Eu também quero andar de trem". Sobe no minhocão e continua: "Vá, Daniel, ande com esse trem, piuiii". Daniel olha para trás, sorri para João Lucas e faz "iiiii, iiiii", olha novamente para João Lucas que diz: "Você tem que olhar para frente enquanto dirige, tem que girar o volante, assim [faz o gesto com os braços] Daniel". Gabriel sobe no minhocão na frente de Daniel, Lauro intervém dizendo: "Você não pode sentar aí, o motorista é o Daniel". Daniel sorri e faz "iiiii". João Lucas desce do minhocão, fica na frente de Daniel de pé e diz: "Dirija assim [pega nos braços de Daniel e faz o gesto com ele]. É assim que dirige, continua aí que eu vou sentar lá". Senta e diz: "Ande, Daniel, dirija para o trem andar rapidão, piuii". Daniel faz um movimento com os braços fazendo o som "iiii". Logo, Lauro se aproxima de

Daniel e diz: "Agora sou eu que vou dirigir, sente lá no meu lugar Daniel". Vai tirando Daniel da frente do brinquedo e o leva para sentar dizendo: "Sente aqui, sente". Daniel senta e fica fazendo o som "iiii" todas as vezes que as crianças fazem "piuii" (diário de campo, 4/8/2010).

Na brincadeira de trem, Daniel imita o som do trem e participa com as crianças que o ajudam a brincar. Essa situação ilustra o papel das outras crianças favorecendo a Daniel a possibilidade de interagir com a brincadeira, orientando as ações dele para o que ele deveria fazer, possibilitando que, em cooperação, realize ações que sozinho não realizaria.

Assim, como aponta Vigotski (2007, p. 101),

> as crianças podem imitar uma variedade de ações que vão muito além dos limites de suas próprias capacidades. Em uma atividade coletiva ou sob orientação de adultos, usando a imitação as crianças são capazes de fazer muito mais coisas.

As situações coletivas, o brincar com as outras crianças favoreciam a Daniel fazer muito mais coisas do que faria sozinho. Dessa forma, as situações de brincadeira possibilitaram orientar o aprendizado de Daniel para aquilo que ele poderia vir a fazer, prospectivamente, rompendo com algumas limitações que o diagnóstico de Autismo coloca, como a impossibilidade do brincar para as crianças com essa síndrome.

No final do estudo, era possível perceber que Daniel, no parquinho, explorava mais os brinquedos de maneira espontânea. Já não ficava todo tempo andando de um lado para outro balançado as mãos. Seus movimentos começavam a fazer sentido para as professoras, para as crianças, que interpretavam as ações dele e o colocavam na situação de brincadeira, quando ele se aproximava.

As crianças, ao perceberem Daniel como alguém que brinca, criavam situações que o incluíam, favorecendo a ele se perceber e se constituir como alguém que pode brincar, como na situação a seguir:

Natália e Daniel estão na casinha. Ela segura na mão de Daniel e diz: "Vamos passear lá fora". Os dois saem da casinha e caminham em direção ao escorregador, Natália sobe e escorrega, Daniel sobe, escorrega, para e olha para Roberta que escorrega logo atrás. Ele fica observando ela descer de barriga para baixo. Ela termina de escorregar e corre para as escadas sorrindo para Daniel, que corre atrás dela e também vai para as escadas. Roberta sobe as escadas correndo e, lá de cima do escorregador, diz: "Tem que escorregar assim" e desce de barriga para baixo. Daniel sobe dois degraus de costas, depois vira, sobe de frente, na hora de se preparar para descer, ele vira o corpo e desce de barriga para baixo. Ele subiu mais duas vezes no escorregador e desceu de barriga para baixo (diário de campo-29/09/2010).

Na situação descrita, Daniel, ao escorregar de barriga, nos dá pista de sua "memória em ação", pois nos remete a uma situação descrita no item anterior, em que a professora Estela mostra para Daniel como escorregar de barriga. De acordo com Vigotski (2007), a brincadeira, o modo de brincar se desenvolve junto com a criança, com suas motivações e necessidades, favorecendo o desenvolvimento da imaginação que, inicialmente, é mais a imitação de situações que vivencia e/ou observa. "O brinquedo é muito mais a lembrança de alguma coisa que realmente aconteceu do que imaginação". (VIGOTSKI, 2007, p. 123)

A mediação nas situações de brincadeiras e todo o processo de aprendizagem escolar não podiam se prender às "limitações" do diagnóstico de Autismo, mas se abrir às possibilidades, orientando-se não apenas por aquilo que a criança faz/ou não faz, mas investindo naquilo que ela pode vir a fazer. Assim, de acordo com Vigotski (2007), o brincar cria uma zona de desenvolvimento proximal, ao possibilitar à criança se comportar de modo diferente do habitual de sua idade, além de seu comportamento diário, favorecendo a criança com Autismo a sair das interações restritas com os objetos, ao propor novas formas de interagir com eles de acordo com a brincadeira.

Nas situações descritas, o brincar favoreceu também o desenvolvimento das demais crianças que, na interação com Daniel, se colocavam algumas vezes como maiores, como alguém que podia ensinar a ele, assumindo o papel do adulto, imitando os gestos e as ações das professoras.

Ressaltamos que o processo não foi linear nem harmônico; tivemos idas e vindas. Observamos a resistência de algumas crianças em brincar com Daniel, pois era preciso que elas o colocassem na brincadeira. Ele não se aproximava delas para "pedir para brincar". Esse foi um movimento que partiu primeiro das professoras e depois das próprias crianças. O cansaço físico de Daniel algumas vezes não favoreceu sua interação, pois o esgotamento era tal que, em alguns casos, ele dormia durante a brincadeira.

Contudo, percebemos que a mediação pedagógica na situação de brincadeira favoreceu a Daniel participar dessa atividade infantil, que não é natural da criança, mas se aprende no meio social e cultural a partir de internalizações das relações que a criança estabelece com o meio em que está inserida.

Para Vigotski (2007, p.118),

> continuamente a situação de brincadeira exige que a criança aja contra o impulso imediato. A cada passo a criança se vê diante de um conflito entre as regras do jogo e o que ela faria se pudesse, de repente, agir espontaneamente. No jogo ela age de maneira contrária à que gostaria de agir. O maior autocontrole da criança ocorre na situação de brinquedo. Ele mostra o máximo de força de vontade quando renuncia uma atração imediata do jogo.

Portanto, ao possibilitar a participação de Daniel, ao investir para que ele pudesse vir a realizar ações, os adultos e as crianças proporcionaram inter-relações repletas de significados que só podem ser compreendidos no contexto das próprias brincadeiras.

Conforme Daniel começa a participar das brincadeiras, a interagir com as pessoas e os objetos de modo mais apropriado culturalmente, a imitar ações, ele nos dá algumas pistas de um desenvolvimento de processos autorregulatórios. Ao realizar ações em colaboração com o outro (adulto e/ou crianças), a partir da orientação e condução desse outro, em um agir junto, as ações dele vão deixando de ser estranhas e bizarras, para se tornarem processos interativos que precisam do outro para serem ressignificadas como práticas sociais e culturais.

Olhares, sorrisos, gestos vão se constituindo como práticas discursivas na relação com o outro. As ações de Daniel nos dão pistas de intencionalidade e regulação, a partir dos sentidos compartilhados com seus pares de brincadeira (adulto ou criança), de acordo com os contextos/temas, ao mesmo tempo em que nos revelam indícios da ampliação dos processos interativos e afetivos.

Percebemos que as pistas e os indícios de desenvolvimento favoreceram avanços no trabalho mediador das professoras com Daniel. Avanços que foram se constituindo na medida em que mudavam a imagem que tinham dele como alguém que, no espaço da educação infantil, também pode ter seu desenvolvimento favorecido. As mudanças na imagem que tinham de Daniel foram provocando nas professoras e nas demais crianças novas formas de interagir com ele. Podemos dizer que modos mais significativos de se relacionar com ele foram se constituindo no processo.

Novas possibilidades de encontro com a criança com Autismo na educação infantil

> O que a gente planeja, vai se redimensionando no encontro com os alunos. [...] O esperado surpreendido pelo inesperado: possibilidade que até então não se conhecia. (FONTANA, 2005, p. 163)

Escrever o último capítulo deste livro é concluí-lo para o fim a que se destina, ciente das suas limitações e incompletudes. Portanto, ao concluí-lo, não o encerramos, apenas abrimo-lo para novos desdobramentos e questionamentos sobre o papel da mediação pedagógica na inclusão e desenvolvimento da criança com Autismo na educação infantil.

Nossas considerações destacam primeiramente as contribuições do referencial teórico-metodológico alicerçado na perspectiva histórico-cultural na construção de um olhar para a criança com Autismo, como sujeito que se desenvolve a partir das relações sociais que lhes são possibilitadas, na mediação dos múltiplos outros que o inserem nas práticas sociais, significando o meio para criança, a criança para o meio e a criança para ela mesma. Dessa maneira, no espaço escolar, ao focalizarmos o papel do outro na inserção e no desenvolvimento cultural da criança com Autismo, interessamo-nos pelo processo de significação que perpassa a mediação pedagógica, buscamos compreender como as professoras, de modo intencional e sistematizado, poderiam investir para que Daniel participasse voluntariamente das práticas que perpassam o cotidiano da educação infantil, dando-nos pistas das apropriações que lhes foram favorecidas, indícios de processos de autorregulação a partir dessas apropriações.

Ao buscarmos a sistematização e a intencionalidade no trabalho pedagógico com Daniel, percebemos que, no início do estudo, as professoras não se viam como mediadoras de Daniel; julgavam-se despreparadas para o trabalho educativo com uma criança com Autismo. O estranhamento das ações dele e a sua dependência para realizar as ações propostas faziam com que as mediações das professoras tivessem um fim em si mesmas, sem projeções futuras do que Daniel poderia vir a realizar.

Consideramos, assim, que o trabalho colaborativo com a articulação da pesquisa com o trabalho docente, na atuação em conjunto com as professoras, intervindo na intencionalidade, sistematização e reflexão das ações realizadas, se constituiu em um processo mediativo da pesquisadora com as professoras no trabalho pedagógico com Daniel, fundamental para o deslocamento das professoras do lugar de quem não se sentiam "preparadas",[1] para assumir o lugar de mediadoras que podem favorecer o processo de desenvolvimento de Daniel, sistematizando as ações cotidianas, deixando de fazer por ele, investindo nas ações conjuntas, em um "fazer para" ele ver o que se espera, no "fazer com" para colocá-lo em ação, a partir de hipóteses e projeções naquilo que ele poderia futuramente vir a realizar sozinho.

A construção de um novo/outro olhar para Daniel, como criança, sujeito que apresenta especificidades, mas, sobretudo possibilidades, constituiu nas professoras um novo/outro modo de se perceberem professoras, rompendo com o não

---
[1] No sentido de ter uma formação específica para atuar com crianças com Autismo.

saber, transformando a experiência cotidiana em conhecimento. As intervenções com Daniel nos revelam a potência do trabalho do professor quando este se coloca como outro que media a relação da criança com o mundo.

Outra importante consideração que cabe destacar aqui na sistematização das ações com Daniel foi a presença de dois profissionais atuando em conjunto com a turma. Dessa forma, enquanto a professora regente orientava e conduzia as crianças, a professora colaboradora de ações inclusivas ou a pesquisadora orientava e indicava para Daniel, por meio da fala e gestos, o que o grupo estava fazendo e o que se esperava dele, realizando as ações para/com ele. O investimento do outro, para inserir e manter Daniel imerso no mundo das significações, nas práticas culturais do CMEI, demandava tempo para estar com ele, requeria um olhar cuidadoso para as minúcias e os detalhes indicativos de seu desenvolvimento, em um processo no qual o outro teve de se colocar inúmeras vezes como a vontade e ação de Daniel para realizar o que era proposto.

Mediar o contato de Daniel com as diversas situações educativas foi um processo de conduzi-lo e orientá-lo para aquilo que ele deveria realizar juntamente com sua turma: uma fila, esperar para escovar os dentes, brincar, lanchar, inserindo-o na cultura escolar. As mediações foram se constituído como meio de ampliar os modos de participação de Daniel no fazer para/com ele. Assim, nas vivências do CMEI, na medida em que Daniel participava das situações, com a ajuda das professoras ou da pesquisadora, o modo como ele era percebido por suas professoras foi sofrendo transformações. Ele passou de uma criança extremamente dependente para uma criança que aprende e se desenvolve. Ampliamos, assim, o olhar para Daniel, em uma aposta em suas potencialidades.

O modo como as professoras e a pesquisadora conduziu o processo de mediação com Daniel, investindo em falar com ele, embora, no início do estudo, ele parecesse não nos ouvir, possibilitou que, na linguagem do outro e com o outro, Daniel pudesse organizar seus modos de interagir nos espaços e tempos do CMEI. Consideramos que a linguagem das professoras e da pesquisadora, ao orientar as ações de Daniel, assumiu a função reguladora em sua constituição e percepção de si, no percurso interpessoal. No processo de mediação pedagógica, as professoras atribuíam sentidos às situações vivenciadas, bem como promoviam "[...] a vivência significativa da linguagem" (GÓES, 2002, p. 104). O educador para autora

> é aquele orientado prospectivamente, atento à criança, às suas dificuldades e, sobretudo, às potencialidades, que se configuram na relação entre a plasticidade humana e as ações do grupo social. É aquele que é capaz de analisar e explorar recursos especiais e de promover caminhos alternativos; que considera o educando como participante de outros espaços do cotidiano, além do escolar; que lhe apresenta desafios na direção de novos objetivos. (GÓES, 2002, p.107)

As mediações pedagógicas, ao possibilitarem a participação de Daniel nas diferentes situações, favoreceram a aproximação das demais crianças que o ajudavam a permanecer na fila, que o ensinavam a brincar, compartilhavam com ele ações tipicamente infantis. As crianças, imitando o adulto, assumiram o papel de mediador de Daniel. Orientavam suas ações nas situações de brincadeira, realizavam para/com ele as ações em pauta e o convocavam a fazer sozinho essas ações. A participação das demais crianças, nesse processo, foi fundamental, pois possibilitou, na interação entre elas e Daniel, a mediação entre pares no universo infantil.

Daniel foi nos dando algumas pistas de apropriações culturais e indícios de desenvolvimento de processos de autorregulação, na medida em que foi deixando de apresentar um comportamento por vezes estereotipado, para realizar ações que são aceitas pelo grupo, e com outras crianças, como brincar. Ele "[...] cada vez menos distingue-se e cada vez é mais semelhante, sem perder o que lhe é próprio" (PADILHA, 2007, p. 173). Esse é um deslocamento fundamental, sair do lugar de falta, de limitações, do Autismo e começar a ocupar o lugar de criança, que aprende e se desenvolve no meio social concreto. Esse deslocamento que não é feito pela criança com Autismo, mas, por seus múltiplos outros, que não são apenas professoras, pesquisadora, crianças e profissionais do CMEI, envolve também a família, os médicos e tantas outras pessoas que, em algum momento, se encontram com essa criança.

O estudo, sem desconsiderar a importância da formação inicial e continuada para o trabalho dos professores em geral, evidencia que, diante de um contexto inclusivo, no qual cada criança deve ser percebida em sua singularidade, não há como o professor ser especialista em todas as especificidades, porém, diante dessa incompletude do ser professor/humano, torna-se essencial que a base de sua formação seja pautada na ética em seu fazer pedagógico.

> Do impossível de saber ao contingencial do ser, constroem-se as possibilidades de escolarização. Construído em um lugar entre o conhecido e o para sempre estrangeiro, implica a responsabilização ética pela experiência educacional do aluno. Ética como tomada de posição, e não como um conjunto prescritivo de procedimentos. Ética reflexiva, investigativa, onde a dúvida possui a função fundamental de abrir brechas na fortaleza de nossas certezas imaginárias. Ética como condição de possibilidade de um encontro de uma produção e de uma experiência capaz de escutar, fazer falar e de dar voz ao outro. (VASQUES, 2009, p. 24)

Ao analisar, neste trabalho, o papel da mediação pedagógica no processo de significação e inclusão da criança com Autismo na educação infantil, não pretendemos apresentar e traçar metodologias para o trabalho com crianças com Autismo na educação infantil nem solucionar os problemas e as dificuldades que surgem no encontro com essas crianças no espaço escolar. Contudo, nossa intenção foi mostrar que, diante de um tema complexo, essa foi uma das possibilidades que se constituiu no contexto do CMEI, na interação entre diferentes sujeitos, como a pesquisadora, as professoras, Daniel e as demais crianças, cada um com sua singularidade.

A temática não se esgota aqui. É fundamental que novos estudos se debrucem para investigar sobre a mediação pedagógica no processo de significação da criança com Autismo, nas possibilidades de seu desenvolvimento cultural, no contexto da educação infantil, potencializando os encontros que ali acontecem.

Torna-se necessário investigar o sujeito com Autismo e seus percursos de escolarização, indagar sobre a formação docente, as políticas públicas e, sobretudo, o diagnóstico desses sujeitos e o modo como toda a sua vida se desenrola a partir dele.

Enfatizamos aqui o diagnóstico, pois é a partir dele, ou melhor, do modo como ele é utilizado ou interpretado pelas pessoas que convivem com esse sujeito (familiares, profissionais etc.), que os limites e as possibilidades do seu desenvolvimento se constroem.

Com este trabalho, nosso maior desejo foi o de apontar que existem caminhos a serem trilhados no trabalho educativo com a criança com Autismo e que esses caminhos se fazem no próprio caminhar. Às vezes, esse caminho é longo, ou parece que andamos em círculos; às vezes, encontramos atalhos que nos levam a avanços significativos. Tudo isso é processo. É um caminhar.

REFERÊNCIAS

ANACHE, A. A. As contribuições da abordagem histórico-cultural para a pesquisa sobre os processos de aprendizagem da pessoa com deficiência mental. *In*: BAPTISTA, C. R.; CAIADO, K. R. M.; JESUS, D. M. (Org.). *Educação especial*: diálogo e pluralidade. Porto Alegre: Mediação, 2008. p. 47-57.

BAKHTIN, M. M. *Marxismo e filosofia da linguagem*. São Paulo: Hucitec, 1992.

BOSA, C. Autismo: atuais interpretações para antigas observações. *In*: BAPTISTA, C. R.; BOSA, C. (Org.). *Autismo e educação*. Porto Alegre: Artemed, 2002. p. 21-39.

BRASIL. Constituição (1988). *Constituição [da] República Federativa do Brasil*. Brasília: Senado Federal, 1988.

──────. Ministério da Educação. *Lei n.º 9.394/96*. Estabelece as diretrizes e bases da educação nacional. Disponível em: <http://portal.mec.gov.br/seesp/arquivos/pdf/lei9394_ldbn1.pdf>. Acesso em: 20 ago. 2011.

──────. Ministério da Educação. *Política Nacional de educação Especial na Perspectiva da Educação Inclusiva*. Brasília: MEC/SEESP, 2008.

CARVALHO, G.; AVELAR, T. Linguagem e Autismo: fatos e controvérsias. *Cadernos da extensão UFPE*, Recife, PE, p. 89-97, 1998. Disponível em: <http://www.ufpe.br/proext/images/publicacoes/cadernos_de_extensao/saude/Autismo.htm>. Acesso em: 22 fev. 2010.

CARVALHO, M. F. *Conhecimento e vida na escola*: convivendo com as diferenças. Campinas, SP: Autores Associados, 2006.

CONSELHO NACIONAL DE EDUCAÇÃO (Brasil). Câmara de Educação Básica. Resolução – CNE/CEB n.º 4/2009. Institui as diretrizes operacionais para o atendimento educacional especializado na educação básica. *Diário Oficial da União*. Brasília, 5 out. 2009.

──────. Ministério da Educação. Câmara de Educação Básica. Resolução – CNE/CEB n.º 5/2009. Fixa as diretrizes curriculares nacionais para educação infantil. *Diário Oficial da União*. Brasília, 18 dez. 2009.

CRUZ, T. S. U. R. *Acompanhamento da experiência escolar de adolescentes autista no ensino regular*. 2009. Dissertação (Mestrado em Educação) – Universidade Metodista de Piracicaba, Programa de Pós-Graduação em Educação, Piracicaba-SP, 2009.

DSM-IV-TR. *Manual diagnóstico e estatístico de transtornos mentais*. Tradução de Dayse Batista. Porto Alegre: Artes Médicas, 2000.

FONTANA, R. A. C. A elaboração conceitual: a dinâmica das interlocuções na sala de aula. *In*: SMOLKA, A. L. B.; GÓES, M. C. R. (Org.). *A linguagem e o outro no espaço escolar*: Vygotsky e a construção do conhecimento. Campinas, SP: Papirus, 1993. p.119-150.

──────. *Como nos tornamos professoras?* Belo Horizonte: Autêntica, 2005.

FREITAS, A. P. *Zona de desenvolvimento proximal*: a problematização do conceito através de um estudo de caso. 2001. Tese (Doutorado em Educação) – Universidade Estadual de Campinas-SP, Campinas, 2001.

FREITAS, E. S. Fui bobo em vir? – Testemunha de uma inclusão. *In*: COLLI, F. A. G.; KUPFER, M. C. M. (Org.). *Travessias inclusão escolar*: a experiência do grupo ponte: pré-escola terapêutica lugar de vida. São Paulo: Casa do Psicólogo, 2005. p. 121-131

GALVÃO, I. *Henri Wallon*: uma concepção dialética do desenvolvimento infantil. Petrópolis, RJ: Vozes, 1995.

GÓES, M. C. R. A natureza social do desenvolvimento psicológico. *Cadernos CEDES*, Campinas, n. 24, p. 17-24, 1991.

——. Os modos de participação do outro nos processos de significação do sujeito. *Temas em Psicologia*, Ribeirão Preto, v. 1, n.º 1, p.1-5, 1993.

GÓES, M. C. R. As relações intersubjetivas na construção de conhecimentos. *In*: GOES, M. C. R.; SMOLKA, A. L. B. *A significação nos espaços educacionais*: interação social e subjetivação. Campinas, SP: Papirus, 1997. p. 11-28.

——. A formação do indivíduo nas relações sociais: contribuições teóricas de Lev Vigotski e Pierre Janet. *Educação e Sociedade*, Campinas, Cedes, n.º 71, p. 116-131, 2000.

——. Relações entre desenvolvimento humano, deficiência e educação: contribuições da abordagem histórico-cultural. *In*: OLIVEIRA, M. K,; SOUZA, D. T. R.; REGO, T. C. *Psicologia, educação e as temáticas da vida contemporânea*. São Paulo: Moderna, 2002. p. 95-114

——. As contribuições da abordagem histórico-cultural para a pesquisa em educação especial. *In*: BAPTISTA, C. R.; CAIADO, K. R. M.; JESUS, D. M. (Org.). *Educação especial*: diálogo e pluralidade. Porto Alegre: Mediação, 2008. p. 37-46.

INTRA, Z. F.; OLIVEIRA, I. M. Brincadeira de faz de conta, medo e mediação. *In*: CONGRESSO BRASILEIRO DE EDUCAÇÃO: POLÍTICAS E PRÁTICAS EDUCATIVAS PARA A INFÂNCIA. 1., 2007, Bauru. *Anais do I Congresso Brasileiro de Educação*: Políticas e Práticas Educativas para a Infância. Bauru. CBE, 2008. v. 1. p. 514-526.

KUPFER, M. C. M. *Educação para o futuro*: psicanálise e educação. São Paulo: Escuta, 2007.

LARROSA, J. Experiência e paixão, *In*: LARROSA, J. *Linguagem e educação depois de babel*. Belo Horizonte: Autêntica, 2004. p. 151-165.

LAMPREIA, C. Os enfoques cognitivista e desenvolvimentista no Autismo: uma análise preliminar. *Psicologia:* reflexão e crítica, Porto Alegre, n.º 17, p. 111-120, 2004. Disponível em: <www.scielo.br/pdf/prc/v17n1/22311.pdf> Acesso em: 25 jan. 2010.

LEBOYER, M. *Autismo infantil*: fatos e modelos. São Paulo: Papirus, 1995.

MARTINS, A. D. F. *Crianças autistas em situação de brincadeira*: apontamentos para as práticas educativas. 2009. Dissertação (Mestrado em Educação) – Universidade Metodista de Piracicaba, Programa de Pós-Graduação em Educação, Piracicaba-SP, 2009.

MELLO, A. M. S. R. *Autismo*: guia prático. 4. ed. São Paulo: AMA Brasília: CORDE, 2004. Disponível em: <http://www.ama.org.br/download/Autismoguiapartico.pdf>. Acesso em: 20 jan. 2010.

MONTE, F. R. F.; SANTOS, I. B. (Org.) *Saberes e práticas da inclusão*: dificuldades acentuadas de aprendizagem: Autismo. Brasília: MEC, SEESP, 2004.

OLIVEIRA, I. M. *O sujeito que se emociona*: signos e sentido nas práticas culturais. 2001. Tese (Doutorado em Educação) – Universidade Estadual de Campinas, Faculdade de Educação, Campinas-SP, 2001.

——. *Dimensão afetivo-emocional e relações de ensino*. Revista da Faced-UFBA, Salvador, BA, n.º 9, p. 189-202, 2005. Disponível em: <http://www.portalseer.ufba.br/index.php/rfaced/article/viewArticle/2692>. Acesso em: 10 fev. 2010.

ORGANIZAÇÃO MUNDIAL DA SAÚDE. ORGANIZAÇÃO PAN-AMERICANA DE SAÚDE. *CID-10*: classificação estatística internacional de doenças e problemas relacionados à saúde. 9. ed. rev. São Paulo: Ed. da Edusp, 2003.

ORRÚ, S. E. *Autismo, linguagem e educação*: interação social no cotidiano escolar. 2. ed. Rio de Janeiro: WAK Editora, 2009.

PADILHA, A. M. L. Práticas educativas: perspectivas que se abrem para a educação especial. *Educação e Sociedade*, Campinas, Cedes, n.º 71, p. 197-220, 2000.

_____. *Práticas pedagógicas na educação especial*: a capacidade de significa o mundo e a inserção cultural do deficiente mental. 3. ed. Campinas, SP: Autores Associados, 2007.

PINO, A. O social e o cultural na obra de Vigotski. *Educação e Sociedade*, Campinas, Cedes, n.º 71, p. 45-78, 2000.

_____. *As marcas do humano*: às origens da constituição cultural da criança na perspectiva de Lev S. Vigotski. São Paulo: Cortez, 2005.

PINTO, U. G.; GÓES, M. C. R. Deficiência mental, imaginação e mediação social: um estudo sobre o brincar. *Revista Brasileira de Educação Especial*, Marília, v.12, n.º 1, p. 11-28, 2006.

PLAISANCE, E. Denominações da infância: do anormal ao deficiente. *Educação e Sociedade*, Campinas, Cedes, n.º 91, p. 405-418, 2005.

ROCHA, M. S. P. M. L. *Não brinco mais*: a (des)construção do brincar no cotidiano educacional. Ijuí, RS: Unijuí, 2005.

SACKS, O. *Um antropólogo em marte*: sete histórias paradoxais. São Paulo: Editora Schwarcz, 1995.

SARMENTO, M. J. Gerações e alteridade: interrogações a partir da sociologia da infância. *Educação e Sociedade*, Campinas, Cedes, n.º 91, p. 361-378, 2005.

SMOLKA, A. L. B. A prática discursiva na sala de aula: uma perspectiva teórica e um esboço de análise. *Cadernos CEDES*, Campinas, Cedes, n.º 24, p. 60-75, 1991.

VASQUES, C. K.; BAPTISTA, C. R. Transtornos globais do desenvolvimento e educação: um discurso sobre possibilidades. *In*. SEMINÁRIO INTERNACIONAL EDUCAÇÃO INTERCULTURAL, GÊNERO E MOVIMENTOS SOCIAIS, 2., 2003, Florianópolis. *Anais...* Florianópolis: UFSC, 2003. Disponível em: <http://www.rizoma.ufsc.br/html/343-of4-st2.htm>. Acesso em: 16 jun. 2008.

——. Educação de sujeitos com transtornos globais do desenvolvimento: traços e circunstâncias. *In*: BAPTISTA, C. R. (Org). *Inclusão escolar*: múltiplas perspectivas. Porto Alegre: Mediação, 2006.

VASQUES, C. K. *Um coelho branco sobre a neve*: estudo sobre a escolarização de sujeitos com psicose infantil. 2004. Dissertação (Mestrado em Educação) – Universidade Federal do Rio Grande do Sul. Faculdade de Educação, Programa de Pós-Graduação em Educação, Porto Alegre, 2003.

VASQUES, C. K. *Transtornos globais do desenvolvimento e educação*: análise da produção científico-acadêmica. Trabalho apresentado na 31° Reunião Anual da Anped, GT-15: Educação Especial, Caxambu, 2008.

——. Construções em torno de um vazio: uma leitura sobre o diagnóstico e seus "modos de usar" na escolarização de sujeitos com Autismo e psicose infantil. *In*: BAPTISTA, C.; JESUS, D. M. (Org.). *Conhecimento e margens*: ação pedagógica e pesquisa em educação especial. Porto Alegre: Mediação, 2009. p.11-26

——. Uma leitura sobre o atendimento educacional especializado de alunos com transtornos globais do desenvolvimento: diálogos sobre o acontecer da compreensão. *In*: SEMINÁRIO NACIONAL DE PESQUISA EM EDUCAÇÃO ESPECIAL. Prática pedagógica na Educação Especial multiplicidade do atendimento educacional especializado, 6. , 2011, Nova Almeida. *Anais...* Nova Almeida-ES. SNPEE, 2011. v. 1. p. 1-16. 1 CD-ROM.

VICTOR. S. L. *Aspectos presentes na brincadeira de faz de conta da criança com síndrome de Down*. Trabalho apresentado na 24° Reunião Anual da ANPED, GT-15: Educação Especial, Caxambu, 2001.

——. O brincar na educação infantil e suas contribuições na inclusão da criança com necessidades educacionais especiais. *In*: BARRETO, M. A. S. C.; VIEIRA, A. B.; MARTINS, I. O. R. (Org.). *Diversidade e inclusão na educação do campo*. Vitória: PPGE, 2010, v. 1, p. 95-110.

VIGOTSKI, L. S. *Obras escogidas III*: historia del desarrollo de las funciones psíquicas superiores. Madri: Visor, 1983.

――――. *Obras escogidas V*: fundamentos da defectologia. Madri: Visor, 1997.

――――. *O desenvolvimento psicológico na infância*. São Paulo: Martins Fontes, 1998.

――――. Manuscrito de 29. *Educação e Sociedade*, Campinas, Cedes, n.º 71, p.21-44, 2000.

――――. *Pensamento e linguagem*. 3. ed. São Paulo: Martins Fontes, 2005.

VIGOTSKI, L. S. *A Formação social da mente*. 7. ed. São Paulo: Martins Fontes, 2007.

WAJSKOP, G. *Brincar na pré-escola*. São Paulo: Cortez, 1999.

WALLON, H. *A evolução psicológica da criança*. Lisboa: Edições 70, 1995.

Conheça também da
Wak Editora

EM BUSCA DA TRANSFORMAÇÃO -
A Filosofia Pode Mudar Sua Vida

Waldir Pedro

ISBN: 978-85-88081-82-6

AUTISMO E INCLUSÃO -
Psicopedagogia e práticas educativas na escola e na família

Eugênio Cunha

ISBN: 978-85-7854-042-5

AUTISMO -
O QUE OS PAIS DEVEM SABER?

Sílvia Ester Orrú

ISBN: 978-85-7854-060-9

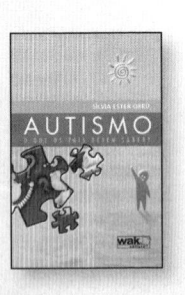

TRANSTORNOS DO DESENVOLVIMENTO E DA COMUNICAÇÃO
Autismo - estratégias e soluções práticas

Miguel Higuera Cancino

ISBN: 978-85-7854-213-9